KOKOKARA DRILL SERIES

大学入試

HAJIMERU

岡本の ここからはじめる古典文法ドリル

Gakken

受験勉強の挫折の原因とは？

定期テスト対策と受験勉強の違い

本書は、これから受験勉強を始めようとしている人のための、「いちばんはじめの受験入門書」です。ただ、本書を手に取った人のなかには、「そもそも受験勉強ってどうやったらいいの？」「定期テストの勉強法と同じじゃだめなの？」と思っている人も多いのではないでしょうか。実は、定期テストと大学入試は、本質的に違う試験なのです。そのため、定期テストでは点が取れている人でも、大学入試に向けた勉強になると挫折してしまうことがよくあります。

定期テストとは…

授業で学んだ内容のチェックをするためのもの。

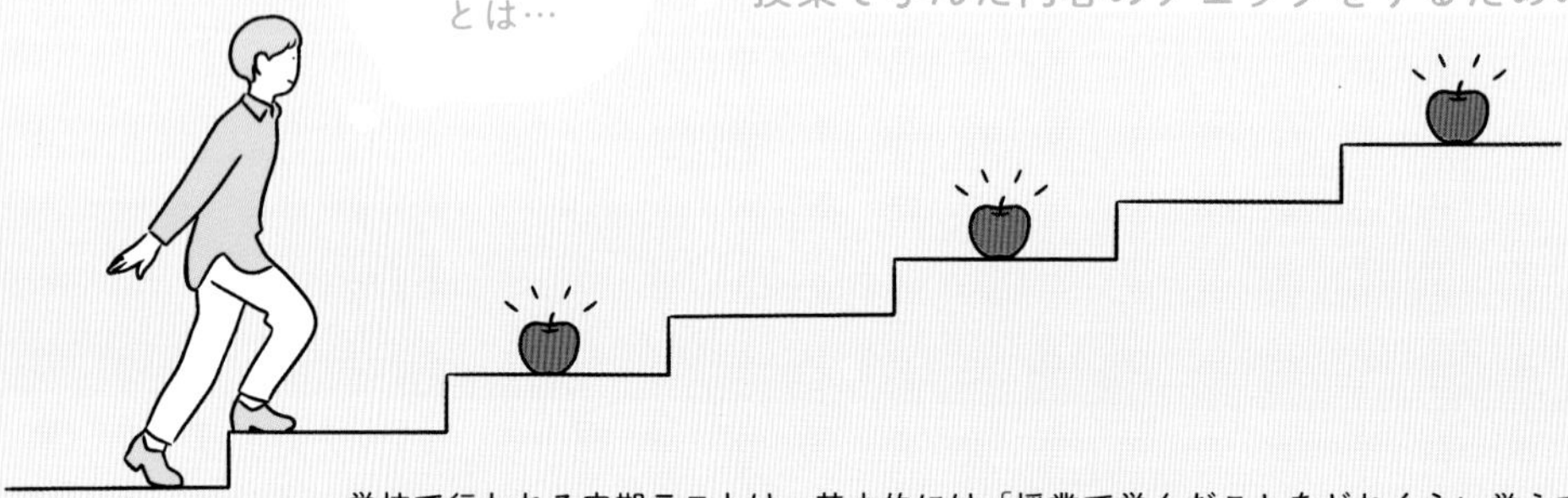

学校で行われる定期テストは、基本的には「授業で学んだことをどれくらい覚えているか」を測るものです。出題する先生も「授業で教えたことをきちんと定着させてほしい」という趣旨でテストを作成しているケースが多いでしょう。出題範囲も、基本的には数か月間の学習内容なので、「毎日ノートをしっかりまとめる」「先生の作成したプリントをしっかり覚えておく」といったように真面目に勉強していれば、ある程度の成績は期待できます。

大学入試とは…

膨大な知識と応用力が求められるもの。

一方で大学入試は、出題範囲が高校３年間の学習内容のすべてであるうえに「入学者を選抜する」ための試験です。点数に差をつけるため、基本的な知識だけでなく、その知識を活かす力（応用力）も問われます。また、試験時間内に問題を解ききるための時間配分なども必要になります。定期テストとは試験の内容も問われる力も違うので、同じような対策では太刀打ちできず、受験勉強の「壁」を感じる人も多いのです。

受験参考書の難しさ

定期テスト対策とは大きく異なる勉強が求められる受験勉強。出題範囲が膨大で、対策に充てられる時間も限られていることから、「真面目にコツコツ」だけでは挫折してしまう可能性があります。むしろ真面目に頑張る人に限って、空回りしてしまいがちです。その理由のひとつに、受験参考書を使いこなすことの難しさが挙げられます。多くの受験生が陥りがちな失敗として、以下のようなものがあります。

よくある失敗

1 参考書1冊をやりきることができない

本格的な受験参考書に挑戦してみると、解説が長かったり、問題量が多かったりして、挫折してしまう、1冊やりきれないままの本が何冊も手元にある……。
こんな状態になってしまう受験生は少なくありません。

よくある失敗

2 最初からつまずく

自分のレベルにぴったり合った参考書を選ぶのは難しいもの。
いきなり難しい参考書を手に取ってしまうと、まったく問題に歯が立たず、解説を見ても理解できず、の八方塞がりになってしまいがちです。

よくある失敗

3 学習内容が定着しないままになってしまう

1冊をとりあえずやりきっても、最初のほうの内容を忘れてしまっていたり、中途半端にしか理解できていなかったり……。
力が完全に身についたといえない状態で、
よりレベルの高い参考書に進んでも、うまくいきません。

ならばどうしたら
この失敗が防げるか
考えたのが…

ここからはじめるシリーズなら挫折しない！

前ページで説明したような失敗を防ぎ、これまでの定期テスト向けの勉強から受験勉強へとスムーズに移行できるように工夫したのが、「大学入試ここからはじめる」シリーズです。無理なく、1冊をしっかりとやりきれる設計なので、これから受験勉強をはじめようとする人の、「いちばんはじめの受験入門書」として最適です。

できるポイント 1

1冊全部やりきれる！

全テーマが、解説１ページ➡演習１ページの見開き構成になっています。
スモールステップで無理なく取り組むことができるので、
１冊を最後までやりきれます。

できるポイント 2

最初でつまずかない！

本格的な受験勉強をはじめるときにまず身につけておきたい、
基礎の基礎のテーマから解説しています。
ニガテな人でもつまずくことなく、受験勉強をスタートさせることができます。

できるポイント 3

学習内容がしっかり定着する！

１冊やり終えた後に、学習した内容が身についているかを
確認できる「修了判定模試」が付いています。
本書の内容を完璧にし、次のレベルの参考書にスムーズに進むことができます。

はじめに

入試古文への第一歩を一緒に踏み出す皆様へ

この本は、入試古文を解くために必要不可欠な古典文法を、完全にゼロからでも学習できるように書き上げた、解説付きドリルです。

古文が苦手な人、また、学校の古文以外触れたことがないので、入試古文がどんなものなのかまったくわからないという人も大歓迎です。

一方、「文法とかよりも、一刻も早く入試古文の文章を読めるようになりたい」と、やる気でいっぱいの人もいるかと思います。そのやる気はとても素晴らしいのですが、古典文法が理解できていないのに、初見の古文の文章が読めるなんてことは絶対にありません。ですから、受験対策として、いきなり古文読解の参考書で学ぼうとしても、たとえ、それがどんなに基礎レベルの文章であろうと、自力で読んだり問題を解いたりしようとしてもまったく歯が立たないのです。そして、「自分には古文は無理だ」と諦めてしまう。せっかくやる気はあったのに、学習の順番を間違えたことによって挫折してしまうなんて、もったいないですよね。そんな挫折は味わってほしくない！

そこで、「受験勉強を始めよう」と決意した皆様に、「まずはここから！」とおすすめできるドリルを作り上げました。古文が苦手な人でも無理なく学習できるように、動詞や助動詞も覚える数が少ないものから、順を追ってステップアップできるように構成しています。

入試＝文章読解がメインなので、古典文法をきちんと勉強することは一見遠回りに感じるかもしれませんが、文章読解のために古典文法の学習は避けては通れません。

「１テーマ、すべて見開き完結。解説と演習でしっかり定着」
効率がよく、挫折をしない順番で、一緒に進んでいきましょう！

岡本梨奈

もくじ

巻頭特集

Chapter 1

基本知識

Chapter 2

用言

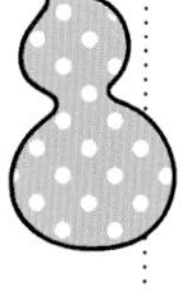

Chapter 3

助動詞

Chapter 4

助動詞が絡む識別

Chapter 5

助詞

Chapter 6

助詞が絡む識別

別冊「解答解説」

別冊「修了判定模試」

本書の使い方

How to Use

解説を読んだら、書き込み式の演習ページへ。
学んだ内容が身についているか、すぐに確認できます。

人気講師によるわかりやすい解説。ニガテな人でもしっかり理解できます。

超基礎レベルの知識から、順番に積み上げていける構成になっています。

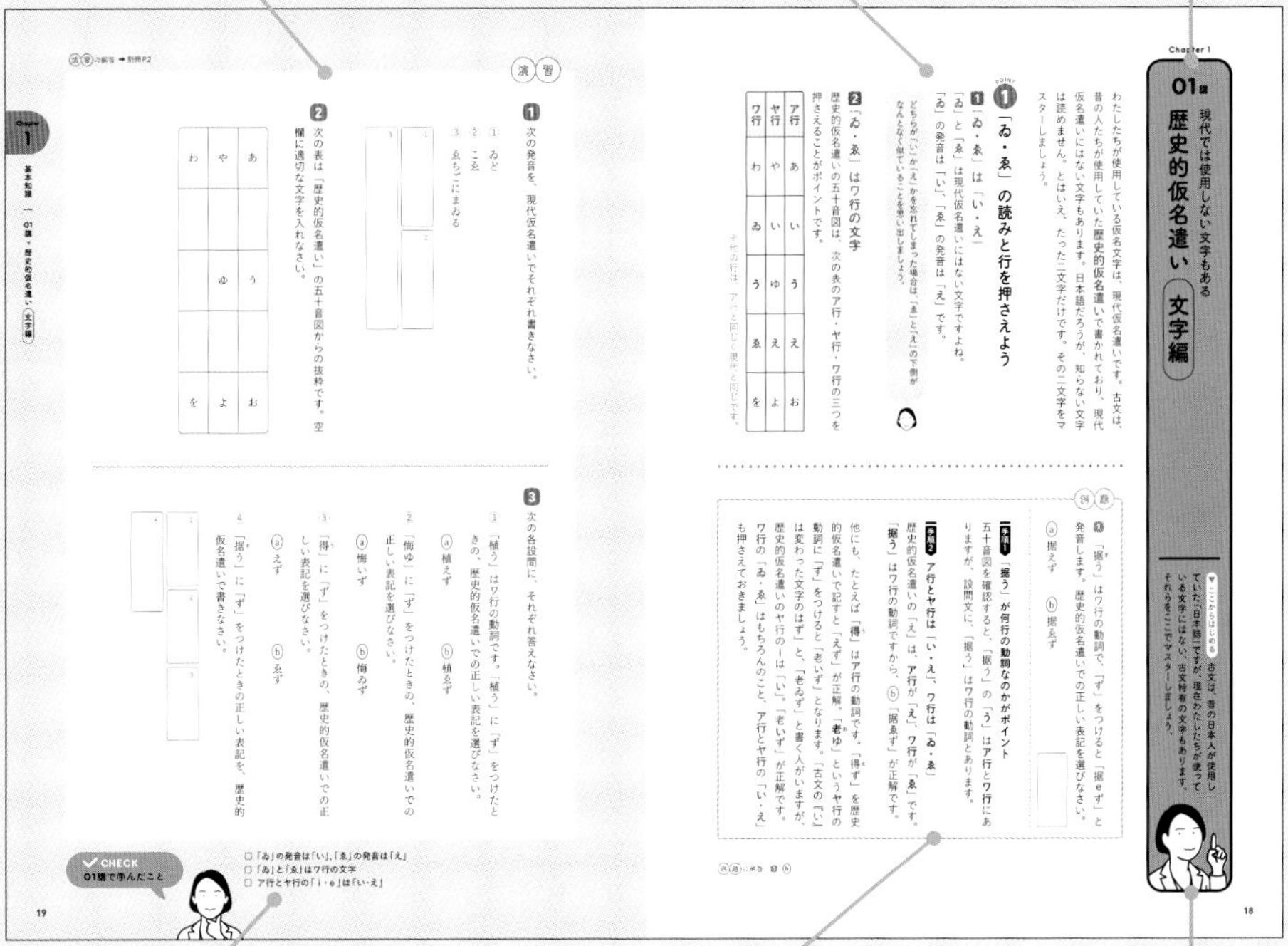

学んだ内容を最後におさらいできるチェックリスト付き。

例題を解くことで、より理解が深まります。

「▶ここからはじめる」をまず読んで、この講で学習する概要をチェックしましょう。

答え合わせがしやすい別冊「解答解説」付き。
詳しい解説付きでさらに基礎力アップが狙えます。

すべての講をやり終えたら、「修了判定模試」で力試し。
間違えた問題は ➡00講 のアイコンを参照し、該当する講に戻って復習しましょう。

1 初見の文章を辞書なしで正しく読解するために古典文法を身につけよう。

定期テストと入試古文はまったくの別物

定期テストは範囲が決まっていて、しかも、一般的には一度授業で扱った文章がきちんと理解できているかを確認するような問題が出題されます。一度習った文章であれば、授業をきちんと受けて現代語訳を覚えているだけで、文法をまともに理解していなくても問題が解ける場合も多く、高得点が取れてしまう可能性があります（実は私自身が高校生の頃、このタイプでした。「定期テストでは高得点なのに、実力テストや模試では全然得点できない、もしくは、波がある」という人は同じタイプかと）。

入試では、**初めて見る文章を辞書なしで読み、正解を導く**必要があります。つまり、実力テストや模試に近いです。よって、たとえ定期テストで高得点が取れていても、現代語訳の暗記だけに頼っている人は、そのままでは入試古文で高得点を狙うのは至難の業となってしまうのです。

初見の古文を読むための土台は「文法力」と「単語力」

辞書が手元にないままで、**初見の古文の文章を正しく読むために必要な力は、「文法力」と「単語力」**です。「定期テストですらあまりできない……」と不安になっていた人も、「文法力」と「単語力」を固めてしまえば、入試古文の土台ができるので安心してください。本書はゼロからの人でも大丈夫なように、解説を読んでから演習で確認する構成にしています。1つずつ順番に身につけていきましょう。

本書は「文法ドリル」なので、「単語」は手元の単語帳を使って各自で学習してくださいね！

2 入試古文は全文訳しなくてもOK！重要文法や重要単語で大筋を掴む。

丁寧な全文訳は入試古文では不要

原文一文一文をすべて丁寧に現代語訳しながら理解していく方法で学習している人もいるかもしれません。たしかに、それができればとても素晴らしいです。ですが、入試本番でそのように丁寧に現代語訳をしていては時間が足りませんし、ある程度難しい文章が出題される入試では、どこかで知らない単語が出てきたりして、行き詰まってしまうはずです。そもそも入試で古文の全文訳が求められることはありません。**問題になっている箇所のほとんどは、重要文法や重要単語が絡んでいる部分**です。つまり、正確に全文を訳す力でなく、**重要文法や重要単語を踏まえて文章の大筋を捉える力が必要**なのです。

重要文法や重要単語とは具体的にどんなもの？

本書で学習するすべてが「重要文法」です。つまり、**本書を仕上げれば「重要文法」が身につきます**。初見の文章だとしても、学習した文法内容が出てきた際に気づけるようになると、辞書がなくても正しく訳せるようになります。**「重要単語」とは単語帳に掲載されている単語**です。単語数が、見出し語で300語くらいあるものであればよいでしょう（見出し語以外の対義語や類義語なども合わせると、500～600語くらいは掲載されているはずです。まずは、見出し語をしっかり押さえましょう）。

本書で「重要文法」を、単語帳で「重要単語」をしっかり覚えましょう！

3 インプットとアウトプットで本当に理解できたか確認して定着させよう。

まずは右ページの解説を読んで理解する

本書は知識ゼロからの人でも無理なく取り組めるように、「基礎の基礎」からスタートしています。そして、本書は「ドリル」ではありますが、いきなり演習をするわけではなく、右ページでその講の内容を解説していますので、**まずは解説をじっくり読んで理解**しましょう。これが「インプット」です。

解説が理解できたら左ページの演習を実施

インプットがしっかりできたと思えたら、左ページの演習問題に取り組みましょう。これが「アウトプット」です。**物事を定着させるためには、インプットとアウトプットが必要**だと言われています。本書ではそれがきちんとできるように作り上げました！　演習後は別冊の解答で答え合わせをして、間違えた問題はもちろんのこと、正解の問題も念のため解説を確認しておきましょう。左ページの最後には、各講の重要事項を確認できるチェックリストもあります。これで再度インプットをして、より定着させましょう。前講までのザッとの復習としても、このチェックリストをくりかえし活用してください。

苦手な講は、右ページをきちんと復習しましょう。

4 重要単元（用言・助動詞・助詞・識別）が古文読解の大切な礎となる！

古典文法と言えば「用言・助動詞・助詞・識別」

「古典文法」が正しい読解のための土台だということは前に述べた通りですが、「古典文法」の中でも「古典文法の土台」とも言えるものが「用言（動詞・形容詞・形容動詞）」です。そして、要となるのが「助動詞」。さらに、出題されるポイントを押さえると得点しやすく、活用しない（＝いつも同じ形になる）のでとても学習しやすい「助詞」。これらを総合して正しく読めるかどうかに関わってくる「識別」。

本書**「ここからはじめる古典文法ドリル」では、「古典文法」の中でも重要単元である「用言・助動詞・助詞・識別」を中心に学習**します。まさに、「ここからはじめる」べき内容が詰まっています！

重要単元を仕上げてから次のステップへ

少しガッカリさせることを言ってしまいますが、本書の文法を理解して正しく訳せるようになったとしても、古文読解がまだ難しく感じることもあるはずなのです。その理由は、古文では、主体「誰が」や客体「誰に」が省略されていることが多いからです。書かれていることは理解できても、書かれていないものを推測する力がないと厳しいのです。「早くその力をつけたい！」と思うでしょうが、その力をつけるためには、**本書「ここからはじめる古典文法ドリル」の内容を理解できていることが大前提!!**　まずは、古典文法の土台を本書でしっかりマスターしましょう。

一歩ずつ着実に「できる」を重ねながら前に進んでいきましょう！

教えて！　岡本先生

Q

古文なんて所詮日本語ですよね？日本語だし勉強しなくてもなんとかなるのでは？

古文は昔の日本人が書いた文章だから、平仮名や漢字も大体は知っている文字だし（たまに今は使っていない平仮名見かけるけど……）、英語とかは「勉強しなきゃ！」って思えるけど、古文はなんとなく勉強しなくてもなんとかなりそうな気がしちゃうのですが……。

A

たしかに昔の日本人が書いたものですが…勉強しないと入試古文には太刀打ちできません！

たしかに、見た目から全然違う英語よりは、古文は優先順位が低そうに感じる気持ちはわからなくはありません。ですが、冷静に考えると「勉強しなくてもなんとかなる」ものが大学入試の科目として出題されるわけがありません。古文は日本語ではありますが、「古典文法」（古文文法）や「古文単語」（古語）という言葉があるということは、**現代語とは違う文法や単語が使われて書かれている**ことがわかります。たとえば、「なほいとせちにやるかたなきほどなり」。勉強していなければ、文字は読めても意味はまったくわからないはずです。どこで区切るのか、それすら不明ですよね。古文は昔の日本語ですが、勉強しないとどうにもなりません！

教えて！　岡本先生

Q

最近の傾向では「文法問題」は
あまり出題されないと聞きました。
文法の勉強って必要ですか？

文法問題が出ないのであれば、文法の勉強をするのではなく、読解の練習をたくさんした方がよいと思うのですが……。出ないものを勉強する時間がもったいないし、なぜ、出ないのにやらなきゃいけないのでしょうか？

A

古文を正しく読解するためには、
文法の知識が必要不可欠なのです。

たしかに、共通テストでは単独での文法問題は（今のところ）出題されていません。ですが、**古文を正しく読み解くためには、「文法」と「単語」の知識が絶対に必要**です。文法がわかっていなければ古文の文章が読めないので、文法問題が出題されなかろうが「正しい読解」のために文法の勉強は必須なのです。しかも、文法問題は出題されなくなったわけではなく、私大や国公立大の二次試験で問われていたり、共通テストでも選択肢の中で文法に触れているものがあったり、今でも様々な形の文法問題を見かけます。最近でも文法問題は出題されていますし、たとえ、出題されなくても「正しい読解」のために文法の勉強は必要不可欠です！

教えて！　岡本先生

Q

古典文法は「助動詞」が重要と聞いたので、助動詞からマスターしたいです。Chapter3から始めてもよいですか？

重要で入試に出やすい単元から勉強して、即得点につながるほうが自分のやる気もアップするので、まずは「助動詞」から攻略したいです。よって、Chapter3から勉強したいのですが……。

A

必ずChapter1から順番に学習してください!!

重要なところをより早く攻略したいというやる気は素晴らしいのですが、Chapter3から学習するのは**絶対に**×です。文法書には通常「助動詞活用一覧表（接続や意味含む）」が見開きで掲載されているのですが、あの表を全部丸暗記しなさいと言われたら嫌ですよね？　Chapter3から学習すると、それに近いことを強いられます。ですが、用言（動詞・形容詞・形容動詞）をきちんと学習してから助動詞を学習すると、あのたくさん掲載されている一覧表の中で新しく覚える活用はたった３つだけになり、とっても楽なのです！　ひとまず、**Chapter1から順番に学習すれば効率的に身につく構成にしていますので、本書は掲載の順番通りに学習してください。**

KOKOKARA DRILL SERIES
大学入試 HAJIMERU

岡本の ここから はじめる 古典文法 ドリル

スタディサプリ
岡本梨奈

01講 現代では使用しない文字もある 歴史的仮名遣い 文字編

▼ここからはじめる 古文は、昔の日本人が使用していた「日本語」ですが、現在わたしたちが使っている文字にはない、古文特有の文字もあります。それらをここでマスターしましょう。

わたしたちが使用している仮名文字は、現代仮名遣いです。古文は、昔の人たちが使用していた**歴史的仮名遣い**で書かれており、現代仮名遣いにはない文字もあります。日本語だろうが、知らない文字は読めません。とはいえ、たった二文字だけです。その二文字をマスターしましょう。

POINT 1 「ゐ・ゑ」の読みと行を押さえよう

1 「ゐ・ゑ」は「い・え」

「ゐ」と「ゑ」は現代仮名遣いにはない文字ですよね。「ゐ」の発音は「い」、「ゑ」の発音は「え」です。

どちらが「い」か「え」かを忘れてしまった場合は、「ゑ」と「え」の下側がなんとなく似ていることを思い出しましょう。

2 「ゐ・ゑ」はワ行の文字

歴史的仮名遣いの五十音図は、次の表の**ア行・ヤ行・ワ行**の三つを押さえることがポイントです。

ア行	あ	い	う	え	お
ヤ行	や	い	ゆ	え	よ
ワ行	わ	**ゐ**	**う**	**ゑ**	を

※他の行は、ア行と同じく現代と同じです。

例題

1 「据《す》う」はワ行の動詞で、「ず」をつけると「据eず」と発音します。歴史的仮名遣いでの正しい表記を選びなさい。

ⓐ 据えず　ⓑ 据ゑず

手順1 **「据う」が何行の動詞なのかがポイント**

五十音図を確認すると、「据う」の「**う**」は**ア行**と**ワ行**にありますが、設問文に、「据う」は**ワ行**の動詞とあります。

手順2 **ア行とヤ行は「い・え」、ワ行は「ゐ・ゑ」**

歴史的仮名遣いの「え」は、**ア行**が「**え**」、**ワ行**が「**ゑ**」です。「**据う**」は**ワ行**の動詞ですから、ⓑ「据ゑず」が正解です。

他にも、たとえば「**得《う》**」は**ア行**の動詞です。「得《え》ず」を歴史的仮名遣いで記すと「**えず**」が正解。「**老《お》ゆ**」という**ヤ行**の動詞に「ず」をつけると「老**い**ず」となります。「古文の『い』は変わった文字のはず」と、「老ゐず」と書く人がいますが、歴史的仮名遣いのヤ行のiは「**い**」。「老**い**ず」が正解です。**ワ行**の「**ゐ・ゑ**」はもちろんのこと、**ア行**と**ヤ行**の「**い・え**」も押さえておきましょう。

例題の解答 **1** ⓑ

演習の解答 ➡ 別冊P.2

演習

1 次の発音を、現代仮名遣いでそれぞれ書きなさい。

① ゐど
② こゑ
③ ゑちごにまゐる

2 次の表は「歴史的仮名遣い」の五十音図からの抜粋です。空欄に適切な文字を入れなさい。

あ		う		お
や		ゆ		よ
わ				を

3 次の各設問に、それぞれ答えなさい。

① 「植う」はワ行の動詞です。「植う」に「ず」をつけたときの、歴史的仮名遣いでの正しい表記を選びなさい。
ⓐ 植えず　ⓑ 植ゑず

② 「悔ゆ」に「ず」をつけたときの、歴史的仮名遣いでの正しい表記を選びなさい。
ⓐ 悔いず　ⓑ 悔ゐず

③ 「得《う》」に「ず」をつけたときの、歴史的仮名遣いでの正しい表記を選びなさい。
ⓐ えず　ⓑ ゑず

④ 「据《す》う」に「ず」をつけたときの正しい表記を、歴史的仮名遣いで書きなさい。

CHECK
01講で学んだこと

- □ 「ゐ」の発音は「い」、「ゑ」の発音は「え」
- □ 「ゐ」と「ゑ」はワ行の文字
- □ ア行とヤ行の「ｉ・ｅ」は「い・え」

02講 見た目とは違う発音ルールもある 歴史的仮名遣い 発音編

ここからはじめる 「てふてふ」では、意味不明ですよね。「てふてふ」は「ちょうちょう」と発音します。「蝶々」ですね。発音のルールがわかると、意味がわかるものがグンと増えますよ！

「ゐ・ゑ」以外の歴史的仮名遣いの文字は、現代仮名遣いと同じでしたね。ただし、文字は同じでも、発音が現代とは違うものがいくつかあります。今回は**発音のルール**をマスターしましょう。

POINT 1 母音（口の形）が変わらないもの

1 「を」は「お」

例 をんな ⬇ おんな（女）

2 語頭以外の「はひふへほ」は「わいうえお」

例 いふ ⬇ いう（言う）

語頭の「はひふへほ」は「はひふへほ」のままです。

例 **ほ**たるの**ひ**かり⬇「**ほ**たる」と「**ひ**かり」は、各単語の頭ですから、そのままで「ほたるのひかり（蛍の光）」です。

POINT 2 母音（口の形）が変わるもの

1 「a＋う」は「オー」（表記は「おう」）

例 はうべん ⬇ ほうべん（方便）

これとPOINT 1の2を合わせた、次のような場合もあります。

例 あふぎ ⬇ あうぎ ⬇ おうぎ（扇）

2 「i＋う」は「ユー」（表記は「ゆう」）

例 しうとめ ⬇ しゅうとめ（姑）

3 「e＋う」は「ヨー」（表記は「よう」）

例 けふあす ⬇ きょうあす（今日明日）

「けふ」は「けう」ですね。「けょ」は発音ができないので、**カ行**の中で小さい「よ」がつけられる「**きょ**」となります。

これで正しく発音ができ、意味が理解しやすくなります。

補足 その他の発音や表記ルール

1 「**くゎ**」は「**か**」

例 くゎじつ ⬇ かじつ（花実）

2 「**ぐゎ**」は「**が**」

例 ぐゎんりき ⬇ がんりき（願力）

3 「**ぢ**」は「**じ**」

例 ぢごく ⬇ じごく（地獄）

4 「**づ**」は「**ず**」

例 あづさ ⬇ あずさ（梓）

演習の解答 ➡ 別冊P.3

演習

1 次の発音を、現代仮名遣いでそれぞれ書きなさい。

① あをいろ
② こひ
③ しづむ
④ をみなへし

①　②　③　④

2 次の発音の現代仮名遣いを、それぞれ一つずつ選びなさい。

① だうぢゃう
ⓐ だふじゃう　ⓑ どうぢょう
ⓒ だうじょう　ⓓ どうじょう

② せうなごん
ⓐ しゅうなごん　ⓑ しょうなごん
ⓒ ようなごん　ⓓ そうなごん

①　②

3 次の傍線部の発音を、現代仮名遣いで書きなさい。

① 酒に<u>ゑふ</u>
② <u>ふうりう</u>心がある
③ <u>あふみ</u>のくに
④ <u>くゎんげん</u>の道

①　②　③　④

✔ CHECK 02講で学んだこと

□「a＋う」の発音は「オー」
□「i＋う」の発音は「ユー」
□「e＋う」の発音は「ヨー」

03講 語の働きや特徴を理解しよう
品詞・活用

▼ここからはじめる 付きあう相手によって変わる人と変わらない人がいるように、言葉もくっつく語によって変わる〔＝活用する〕ものと、変わらない〔＝活用しない〕ものがありますよ。

日本語を文法上の働きによってグループ化したものを**品詞**といいます。どのような違いがあるのか見ていきましょう。

POINT 1 品詞名や別名、違いを理解しよう

1 品詞

品詞は、**名詞・動詞・形容詞・形容動詞・副詞・連体詞・接続詞・感動詞・助動詞・助詞**の十種類があります。

要点 各品詞の働き

❶**名詞**…人物・場所など事物の名前。
❷**動詞**…**動作・存在**を表す。
❸**形容詞**…**性質・状態**を表し、「**〜し**」「**〜じ**」で終わる。
❹**形容動詞**…**性質・状態**を表し、「**〜なり**」「**〜たり**」で終わる。
❺**副詞**…動詞・形容詞・形容動詞を修飾する。
❻**連体詞**…名詞を修飾する。
❼**接続詞**…文と文をつなぐ。
❽**感動詞**…感動・呼びかけなどを表す。
❾**助動詞**…他の語にくっついて意味を加える。活用する。
❿**助詞**…他の語にくっついて言葉の働きを表す。活用しない。

自立語…**単独で意味がわかる語**で、**助動詞・助詞以外**。
付属語…他の語にくっついて用いられ、**単独では意味がわからない語**。**助動詞・助詞**の二つ。

次の品詞の別名は重要なので、必ず覚えましょう。

体言…**名詞**／**用言**…**動詞・形容詞・形容動詞**

2 活用

たとえば、「咲**く**」は後ろの語（記号）によって形が変わります。

例 咲か**ず**／咲き、／咲く。／咲く**頃**／咲け**ど**／咲け**！**

この「形が変わる」ことを「**活用する**」といいます。

一方、「鳥」や「花」は、いつも「鳥」や「花」と同じ形ですよね。これらは「活用しない」のです。

品詞の中で**活用するもの**は、**動詞・形容詞・形容動詞・助動詞**です。それ以外の品詞は活用しません。

付属語の助動詞と助詞の大きな違いは「活用する」か「活用しない」かです。**助動詞は活用しますが、助詞は活用しません**。たとえば、使役の助動詞「**す**」は「書か**す**」「書か**せ**て」のように形が変わりますが、助詞「は」や「を」はいつでもどこでも同じです。

品詞名や別名、各品詞の主な働きを理解し、活用するのかしないのか、などの特徴がわかるようにしましょう。

演習の解答 ➡ 別冊P.4

演習

1 次の説明の品詞名として適切なものを、あとからそれぞれ一つずつ選びなさい。

① 文と文をつなぐ語。
② 性質・状態を表し、「〜し」「〜じ」で終わる語。
③ 単独では意味がわからず、他の語にくっついて用いられ、意味を加える、活用する語。
④ 人物・場所など事物の名前を表す語。
⑤ 動詞・形容詞・形容動詞を修飾する語。
⑥ 感動・呼びかけなどを表す語。
⑦ 名詞を修飾する語。
⑧ 単独では意味がわからず、他の語にくっついて用いられ、言葉の働きを表す、活用しない語。
⑨ 動作・存在を表す語。
⑩ 性質・状態を表し、「〜なり」「〜たり」で終わる語。

ⓐ 名詞　ⓑ 動詞　ⓒ 形容詞　ⓓ 形容動詞
ⓔ 副詞　ⓕ 連体詞　ⓖ 接続詞　ⓗ 感動詞
ⓘ 助動詞　ⓙ 助詞

2 品詞に関する次の各設問に、それぞれ答えなさい。

① 付属語をすべて答えなさい。
② 名詞の別名を答えなさい。
③ 動詞・形容詞・形容動詞の別名を答えなさい。
④ 活用する品詞をすべて答えなさい。

✔ CHECK
03講で学んだこと

- □ 名詞の別名は「体言」
- □ 動詞・形容詞・形容動詞の別名は「用言」
- □ 活用する品詞は、動詞・形容詞・形容動詞・助動詞

04講 活用形

活用形を問われたら下を確認する

▼ここからはじめる　前講で、「名詞」と「動詞・形容詞・形容動詞」の別名を学習しましたが、覚えていますか？「体言」と「用言」ですね。この別名が重要だとお伝えした理由が、今回判明します！

前講で、形が変わることを「活用する」と学習しましたね。活用したときのそれぞれの形には、名前がついています。それを**活用形**といいます。**活用形**を問われた場合は、該当箇所の**下**の語（記号）を確認します。活用形の名前と、覚えておくべき基本的な下の語を学びましょう。

POINT 1 どんな語、記号が下につくのかを把握しよう

1 未然形

まだ起きていないことを表す形。たとえば、「**咲かず**」のように下が「**ず**」などの場合、その上の形（＝**咲か**）を**未然形**といいます。

2 連用形

用言などに連絡していく形。つまり、下は**動詞・形容詞・形容動詞**などです。他に、「**咲き、**」のように下が「**、**」や、「**て**」「**けり**」「**たり**」などの場合、その上の形（＝**咲き**）を**連用形**といいます。

3 終止形

文が終わる形。たとえば、「**咲く。**」のように下が「**。**」や、「**カッコとじ**」「**引用の『と』**」（＝「〜と思う」「〜と言う」などの「と」）などの場合、その上の形（＝**咲く**）を**終止形**といいます。

4 連体形

体言などに連絡していく形。たとえば、「**咲く頃**」のように下が名詞（＝**体言**）などの場合、その上の形（＝**咲く**）を**連体形**といいます。

5 已然形《いぜん》

すでに起きたことを表す形。たとえば、「**咲けど**」などのように下が「**ど**」や「**ども**」などの場合、その上の形（＝**咲け**）を**已然形**といいます。

6 命令形

命令を表す形。下が「**。**」や「**カッコとじ**」「**引用の『と』**」などで**命令**を表している場合、その上の形を**命令形**といいます。下の語が終止形と同じですが、終止形か命令形のどちらなのかはわかるはずです。「**咲く。**」は**終止形**、「**咲け。**」は**命令形**ですね。

他の下の語は、これから学んでいきます。まずは、今回学習した基本的な下の語や記号を完璧にマスターしましょう。

演習の解答 ➡ 別冊P.5

演習

1 次の説明にあてはまる活用形を、それぞれ答えなさい。

① 用言に連絡する形。
② 体言に連絡する形。
③ 「。」「カッコとじ」「引用の『と』」の上で、命令を表す形。
④ 「。」「カッコとじ」「引用の『と』」の上で、普通に文が終わる形。
⑤ まだ起きていないことを表す形。
⑥ すでに起きたことを表す形。

2 次の傍線部の活用形として適当なものを、あとからそれぞれ一つずつ選びなさい。

① 押し返し押し返しのたまへども、……
② よく肥えて、さかりと見ゆるに、……
③ 武庫の山とは名づけられけり。
④ さぶらふ人々も、いかにおはしまさむ……
⑤ いみじう心あくがれ、せむかたなし。
⑥ つれても昇りえず、……
⑦ 「大傘一つまうけよ。」
⑧ 「初紅葉のしたりしこそ失せにけれ」
⑨ こめ据ゑて、行きつつ見る。

ⓐ 未然形　ⓑ 連用形　ⓒ 終止形
ⓓ 連体形　ⓔ 已然形　ⓕ 命令形

CHECK
04講で学んだこと

□「ず」の上は未然形
□「用言」、「て」「けり」「たり」の上は連用形
□「体言」の上は連体形
□「ど」「ども」の上は已然形

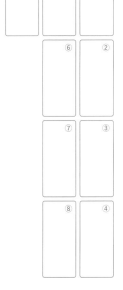

05講 係り結びの法則

文末が通常の形とは変わる法則

▼ここからはじめる　文の終わり（＝文末）の形は、基本的に終止形か命令形でした。ですが、文の途中にある語があると、文末が終止形や命令形ではなく、他の形に変わってしまうのです！

「。」や「カッコとじ」などの文末の上は、通常は終止形か命令形でしたね。ですが、文中に**係助詞「ぞ・なむ（なん）・や・か」**があると文末は**連体形**に、文中に**係助詞「こそ」**があると文末は**已然《いぜん》形**に変わります。これを**係《かか》り結びの法則**といいます。

POINT 1　活用形の問題は下が文末ならば鍵は上

活用形を問われた場合は、**下を確認**でしたね。ですが、もし、問題になっている箇所の**下が文末**（＝「。」「カッコとじ」「引用の『と』」）ならば、**文中に係助詞がある可能性が高い**です。よって、下が文末の場合は上に戻っていき、係助詞を探してみてください。そして、次の**1**〜**3**のように考えましょう。

1 **係助詞「ぞ・なむ（なん）・や・か」がある場合**
⬇文末の形は**連体形**です。

2 **係助詞「こそ」がある場合**
⬇文末の形は**已然形**です。

3 **係助詞がない場合**
⬇文末の形は（基本的には）**終止形**か**命令形**です。

例題

1 次の傍線部の活用形を答えなさい。

今は里人は、「むだ」とぞ言ふめる。

手順1 **活用形を問われたら、下チェック**
傍線部の下を確認すると「。」です。「。」の上は、通常**終止形か命令形**ですが、問題になっている場合は**手順2**へ。

手順2 **上に戻りつつ、係助詞を探す**
傍線部の上の部分を、下から上に目線を移していき、**係助詞**「ぞ・なむ（なん）・や・か・こそ」を探します。そうすると、この場合は「〜と**ぞ**言ふ」と、やはり「**ぞ**」があります。

手順3 **「係り結びの法則」をもとに正解を導く**
「ぞ・なむ（なん）・や・か」があれば文末は**連体形**、「こそ」があれば文末は**已然形**になります。よって、正解は**連体形**です。ちなみに、「める」は助動詞です。助動詞は未学習ですが、係り結びの法則を理解していれば正解を導けます。

活用形は**下確認**ですが、文末ならば**上**確認です。

例題の解答　**1**　連体形

演習の解答 ➡ 別冊P.6

演習

1 次の文の空欄に入る語として最も適当なものを、それぞれ書きなさい。

「。」や「カッコとじ」などの上は、通常［①］形か［②］形だが、文中に係助詞［③］・［④］・［⑤］・［⑥］のどれかがあれば文末は［⑦］形になり、係助詞［⑧］があれば、文末は［⑨］形になる。これを［⑩］の法則という。

①［　］ ②［　］ ③［　］
④［　］ ⑤［　］ ⑥［　］
⑦［　］ ⑧［　］ ⑨［　］
⑩［　］

2 次の傍線部の活用形を、それぞれ答えなさい。

① 名をば六《ろく》とぞいひける。

② 浮舟《うきふね》の女君の、かかる所にやありけむ。

③ このあるじ、「とうまかりね。」とてこそやりてけれ。

④ 「まろが身をば、いかがせむとかする」

⑤ 「いま御平癒の時こそ申さめ」と言はれければ……

⑥ 「いと面白くなむ侍る」と聞こえたまへば……

①［　］ ②［　］ ③［　］
④［　］ ⑤［　］ ⑥［　］

3 「本地たづねたる［　］、心ばへをかしけれ。」の傍線部「をかしけれ」は、形容詞「をかし」の已然形です。空欄に入る語として最も適当なものを、次から一つ選びなさい。

ⓐ ぞ　ⓑ なん　ⓒ や　ⓓ か　ⓔ こそ

［　］

✔ CHECK 05講で学んだこと

☐ 係助詞「ぞ・なむ（なん）・や・か」があれば、文末は連体形になる
☐ 係助詞「こそ」があれば、文末は已然形になる

06講 同じ一つの音で始まる動詞

動詞1（上一段・下一段）

▼ここからはじめる 動詞は動き方で九種類のグループに分類できます。その中の「上一段活用」と「下一段活用」をまず学習します。上一段はいつも「i」の音、下一段はいつも「け」から始まります！

動詞は動き方で**九種類**のグループに分けられ、これを**活用の種類**といいます。今回は**上一段《かみいちだん》活用**と**下一段《しもいちだん》活用**を学びます。

POINT 1 出だしが全部同じ一つの音なので「一段活用」

1 上一段活用

未然形から順番に「i／i／iる／iる／iれ／iよ」というパターンで動く動詞を、**上一段活用**といいます。出だしがいつも「i」ですね。**u**の音を中心として、その**上**の音「i」一つが出だしなので**上一段活用**といいます。

上一段活用の動詞として押さえるべき動詞八つは、「**干《ひ》る・射《い》る・着る・似る・煮る・見る・居《ゐ》る・率《ゐ》る**」です。

補足 **上一段は「ひいきにみゐ＋る」**

出だしの文字を順番に並べた語呂合わせ。これで簡単に覚えられますよ。「**試みる**」や「**用ゐる**」も上一段活用ですが、「**みる**」や「**ゐる**」を覚えていればわかりますね！

次のような表を**活用表**といいます。

基本形	語幹	未然形	連用形	終止形	連体形	已然形《いぜん》	命令形
見る	○	み	み	みる	みる	みれ	みよ

活用の種類を問われたら、「**見る＝マ行上一段活用**」のように、○**行**も答える必要があります。

一段活用の行は、「る」の上の文字の行で判断しましょう。

例「**干る**」＝**ハ行**上一段活用／「**煮る**」＝**ナ行**上一段活用

「**居《ゐ》る**」と「**率《ゐ》る**」は**ワ行**上一段活用です。重要なのは「**射る**」。「いる」なので、**ア行**か**ヤ行**か迷いますよね。正解は**ヤ行**上一段活用で、覚えている人にしか解けません。入試頻出です！

2 下一段活用

下一段活用は「**蹴る**」のみです。

基本形	語幹	未然形	連用形	終止形	連体形	已然形	命令形
蹴る	○	け	け	ける	ける	けれ	けよ

出だしがいつも**u**段の**下**の「**け**」一つなので、**下一段**活用といいます。「蹴る」は、「る」の上の文字が「**け**」なので、**カ行**下一段活用です。

一段活用には、語幹（**↓07講**）はありません。活用表の「○」の記号は、「ない」ということです。上一段活用も下一段活用も、「語幹」の欄が「○」となっていますね。

演習

1 次の活用表を仕上げなさい。なお、未然形から命令形までは歴史的仮名遣いで書くこと。

基本形	語幹	未然形	連用形	終止形	連体形	已然形	命令形
着る							
率る							
蹴る							
射る							

2 次の傍線部の活用の種類を、それぞれ答えなさい。

① 鍋に煮ける物をすくひ、……
② 少将の家あるにいきつきて見れば、……
③ 念じて射んとすれども……
④ ただ一人居たる所に、……
⑤ 村雨《むらさめ》の梅雨もまだ干ぬ槇《まき》の葉に……

3 「頬杖《つらづゑ》つきて、しばし寄りゐたまへり。」の傍線部の動詞の、①活用の行、②活用の種類、③活用形としてあてはまるものを、次からそれぞれ一つずつ選びなさい。

① ⓐ ア行　ⓑ カ行　ⓒ サ行　ⓓ マ行　ⓔ ヤ行　ⓕ ワ行
② ⓐ 四段活用　ⓑ 上一段活用　ⓒ 上二段活用　ⓓ 下一段活用　ⓔ 下二段活用　ⓕ 変格活用
③ ⓐ 未然形　ⓑ 連用形　ⓒ 終止形　ⓓ 連体形　ⓔ 已然形　ⓕ 命令形

✔ CHECK 06講で学んだこと

- □ 上一段は「ひいきにみゐ＋る」
- □ 下一段は「蹴る」のみ
- □ 「射る」は「いる」でヤ行
- □ 「居る」「率る」は「ゐる」でワ行

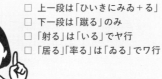

07講 動詞2（カ変・サ変）

「く」「す」のたった一文字だけでも意味が通じる動詞

ここからはじめる　今回は、「カ行変格活用」と「サ行変格活用」の二種類を学習しましょう。なんと、「く」や「す」など、たった一文字で基本形（＝終止形）になる動詞もあるのです！

今回は**カ行変格活用**と**サ行変格活用**を学びます。よく「カ変」「サ変」と省略されますが、活用の種類を問われた場合は正式名称で答えましょう。

POINT 1 「来る」や「する」は、古語では一文字で表す

1 カ行変格活用

カ変は、まず「**く**」を押さえましょう。漢字で書くと「**来**」。現代語では「来る」ですが、古語は「**来**《く》」一文字が終止形なのです。

〈その他のカ変動詞は「〜来」〉

例 **まうで**来／**参り**来など

基本形	語幹	未然形	連用形	終止形	連体形	已然《いぜん》形	命令形
来	○	**こ**	**き**	**く**	**くる**	**くれ**	**こ（よ）**

2 サ行変格活用

サ変として押さえるべき三つの動詞は「**す・おはす・ものす**」。「す」の現代語は「する」ですが、古語では「**す**」一文字です。

〈その他のサ変動詞の見分け方〉

1 「**〜す・〜ず**」が「**〜する・〜じる**」と訳せるもの

例 愛す（＝愛する）／案ず（＝案じる）など

2 漢字一字の**音読み＋す**（または「ず」）

例 賞《しゃう》す／啓《けい》すなど

3 **〜んず**

例 論《ろん》ず／念《ねん》ずなど

※「〜ず」ですが「ザ変」ではなく「サ変」です。活用の仕方は、サ変に濁点をつけた動き方になります。

基本形	語幹	未然形	連用形	終止形	連体形	已然形	命令形
す	○	**せ**	**し**	**す**	**する**	**すれ**	**せよ**
論ず	論	**ぜ**	**じ**	**ず**	**ずる**	**ずれ**	**ぜよ**

「**語幹**」とは、**活用するときに変わらない部分**のことです。「す」は「**せ**ず／**し**て／**す**。／**する**とき／**すれ**ど／**せよ！**」と活用するため、語幹はありません。「論ず」は「**論ぜ**ず／**論じ**て／**論ず**。／**論ずる**とき／**論ずれ**ど／**論ぜよ！**」と活用し、「**論**」の部分が変わりません。よって、「論」が語幹です。

「基本形」から「終止形」の欄の文字を引くと「語幹」になります。

例 「す」−「す」＝「○（なし）」／「論ず」−「ず」＝「論」

カ変は「来」がわかればOKです。サ変はたくさんありますが、押さえるべき三つの動詞と見分け方を把握すればわかります。

演習

1 次の活用表を仕上げなさい。なお、未然形から命令形までは歴史的仮名遣いで書くこと。

基本形	語幹	未然形	連用形	終止形	連体形	已然形	命令形
おはす							
念ず							
来							
旅す							

2 次の傍線部の活用の種類を、それぞれ答えなさい。

① いづくより来つる猫ぞと見るに、……

② 一法わづかに通ずれば万法通ず。

③ やや久しく帰り来ざりければ、……

① ［　　］ ② ［　　］ ③ ［　　］

3 「かく参り来ること、便悪《びんあ》しと……」の傍線部の動詞の、①活用の行、②活用の種類、③活用形としてあてはまるものを、次からそれぞれ一つずつ選びなさい。

① ⓐ ア行　ⓑ カ行　ⓒ マ行　ⓓ ヤ行　ⓔ ラ行　ⓕ ワ行

② ⓐ 四段活用　ⓑ 上一段活用　ⓒ 上二段活用　ⓓ 下一段活用　ⓔ 下二段活用　ⓕ 変格活用

③ ⓐ 未然形　ⓑ 連用形　ⓒ 終止形　ⓓ 連体形　ⓔ 已然形　ⓕ 命令形

① ［　　］ ② ［　　］ ③ ［　　］

4 「十余町ばかり具して行く」の傍線部の動詞と活用の種類が異なるものを、次から一つ選びなさい。

ⓐ 案ず　ⓑ 奏す　ⓒ 申す　ⓓ ものす

［　　］

✔ CHECK 07講で学んだこと

- □「来・～来」はカ変
- □「す・おはす・ものす」はサ変
- □「～す・～ず」の訳が「～する・～じる」はサ変
- □「漢字一字の音読み＋す」はサ変
- □「～んず」はサ変

08講 押さえるべき動詞はナ変二つ・ラ変四つ
動詞 3（ナ変・ラ変）

▼ここからはじめる　変格活用は全部で四種類。前回「カ行変格活用」と「サ行変格活用」を学習しました。今回は「ナ行変格活用」と「ラ行変格活用」を学習します。これで変格活用はバッチリです！

今回は**ナ行変格活用**と**ラ行変格活用**を学びます。

POINT 1 動詞の数は少ないので覚えてしまおう

1 ナ行変格活用

ナ変は「**死ぬ・いぬ**」の二つ。

「いぬ」は、「**去ぬ**」と「**往ぬ**」の二つの漢字がありますが、どちらも意味は同じで「**行く**」「**去る**」などです。

基本形	語幹	未然形	連用形	終止形	連体形	已然形《いぜん》	命令形
往ぬ	往	な	に	ぬ	ぬる	ぬれ	ね

語幹は、【基本形「**往ぬ**」－終止形の欄の文字「**ぬ**」＝「**往**」】です。

2 ラ行変格活用

ラ変として押さえるべき四つの動詞は「**あり・居《を》り・侍《はべ》り・いまそかり**」です。

ポイントは、**終止形**が「**り**」。**動詞の終止形**は通常**u段**ですが、**ラ変動詞**は「**り**」です。たとえば、現代語なら「ある」が終止形ですが、古文なら「**あり**」となります。

基本形	語幹	未然形	連用形	終止形	連体形	已然形	命令形
あり	あ	ら	り	り	る	れ	れ

語幹は【「**あり**」－「**り**」＝「**あ**」】ですね。

補足　その他の「ラ変動詞」

「いまそがり・いますかり・いますがり・みまそかり・みまそがり」もありますが、「**いまそかり**」がわかれば、似ているのでわかりますね。ですから、全部を一生懸命に覚える必要はありません。「あり・居り・侍り・いまそかり」の四つをしっかり押さえましょう。

さて、ここまで学習してきた活用の種類は、**一段活用**と**変格活用**です。それぞれの動詞の数は、そんなに多くはないので、覚えてしまいましょう。活用の種類を問われたら、それぞれ即答できるようにしましょう。

例
侍り…ラ変　見る…マ行上一段
ものす…サ変　蹴る…カ行下一段
往ぬ…ナ変　来《く》…カ変　など

演習

1 次の活用表を仕上げなさい。なお、未然形から命令形までは歴史的仮名遣いで書くこと。

基本形	語幹	未然形	連用形	終止形	連体形	已然形	命令形
去ぬ							
居り							
死ぬ							
侍り							

2 次の傍線部の活用の種類を、それぞれ答えなさい。

① 「更《ふ》くるまでもをらず帰るなり。」と語る。

② この川に男一人流れて、すでに死なんとす。

③ この猫の声にてありつるが、……

④ とく言はれて往ぬるこそいとほしけれ。

⑤ いづれの仏の御国にかいまそかるらん。

①

②

③

④

⑤

3 次のⓐ～ⓓの傍線部の動詞のうち、活用の種類が異なるものを一つ選びなさい。

ⓐ 昔、天竺《てんぢく》に一寺あり。

ⓑ 一人は立てり、一人は居りと見るに……

ⓒ 「この功徳によりて証果の身となり侍るなり」といふ。

ⓓ 和尚、坊を出でて、他僧に語り給ひければ、……

CHECK 08講で学んだこと

- □「死ぬ・去ぬ・往ぬ」はナ変
- □「あり・居り・侍り・いまそかり」はラ変
- □ ラ変の終止形は「〜り」

09講 動詞④（四段・上二段・下二段）

「ない」の上の音で判断する動詞

▼ここからはじめる **06**講から**08**講までの動詞以外は、すべて今回学習する「四段・上二段・下二段」のどれかです。判別方法は簡単ですよ！ それぞれの動き方もしっかり押さえましょう。

これまでに学習した一段活用や変格活用の動詞は、それぞれ覚えておかなければいけません（たとえば、「あり＝ラ変動詞」とわかるようにしておく）。それ以外の動詞は、今回学習する**四段活用**、**上二段活用**、**下二段活用**のどれかになります。これら三つの活用の種類は、「**ない**」をつけた**上の音**で、簡単に判断することができます。「〇行」は、基本形の最後の文字の行で判断します。それぞれ見ていきましょう。

POINT 1 現代語の感覚で「ない」をつけてみよう

1 四段活用

「**ない**」をつけた上の音が**a**段になる動詞です。

例 読む➡読ま《a》**ない**

基本形	語幹	未然形	連用形	終止形	連体形	已然形《いぜん》	命令形
四段	／	a	i	u	u	e	e
読む	読	ま	み	む	む	め	め

「読**む**」なので**マ行**四段活用です。

「a・i・u・e」の**四**つの音で動くので、**四**段です。

2 上二段活用

「**ない**」をつけた上の音が**i**段になる動詞です。

例 落**つ**➡落ち《i》**ない** （タ行上二段活用）

基本形	語幹	未然形	連用形	終止形	連体形	已然形	命令形
上二段	／	i	i	u	uる	uれ	iよ
落つ	落	ち	ち	つ	つる	つれ	ちよ

「u」とその**上**の「i」、**二**つの音で動くので、**上二**段です。

3 下二段活用

「**ない**」をつけた上の音が**e**段になる動詞です。

例 見す➡見せ《e》**ない** （サ行下二段活用）

基本形	語幹	未然形	連用形	終止形	連体形	已然形	命令形
下二段	／	e	e	u	uる	uれ	eよ
見す	見	せ	せ	す	する	すれ	せよ

「u」とその**下**の「e」、**二**つの音で動くので、**下二**段です。

「活用の種類」の名前は、どの音で動くか、ということからつけられています。

演習

1 次の活用表を仕上げなさい。なお、未然形から命令形までは歴史的仮名遣いで書くこと。

基本形	語幹	未然形	連用形	終止形	連体形	已然形	命令形
過ぐ							
見ゆ							
捨つ							
言ふ							

2 次の傍線部の活用の種類を、それぞれ答えなさい。

① さながら折りて持ちたりしを、……

② 負けて興なく覚ゆべきこと、また知られたり。

③ その縄をなむ引くとか。

④ （牛車から）おりさせたまひぬ。

⑤ 蓮《はちす》の露も他事《ことごと》に紛《まぎ》るまじく、……

①　②　③　④　⑤

3 「女方《をむながた》にぞおはします。」の傍線部の動詞の、①活用の行、②活用の種類、③活用形としてあてはまるものを、次からそれぞれ一つずつ選びなさい。

① ⓐガ行　ⓑサ行　ⓒハ行　ⓓマ行　ⓔバ行　ⓕラ行

② ⓐ四段活用　ⓑ上一段活用　ⓒ上二段活用　ⓓ下一段活用　ⓔ下二段活用　ⓕ変格活用

③ ⓐ未然形　ⓑ連用形　ⓒ終止形　ⓓ連体形　ⓔ已然形　ⓕ命令形

①　②　③

✔ CHECK 09講で学んだこと

- □「ない」の上がａ段＝四段活用
- □「ない」の上がｉ段＝上二段活用
- □「ない」の上がｅ段＝下二段活用

10講 ア行・ヤ行・ワ行をきちんと区別する 動詞5（行を押さえるべき動詞）

▼ここからはじめる　01講でア行・ヤ行・ワ行の文字を学習しましたね。「い」と「え」は何行と何行でしたか？　「う」はア行だけではありませんでしたね？　それらが絡んだ動詞をマスターしましょう！

突然ですが、「射る」の活用の種類は何でしたか？

問　「射る」｛ア行　いる？ or ヤ行　いる？｝

解　ヤ行上一段活用！

これは、覚えていないと解けませんでしたね。「い」はア行にもヤ行にもあるからです。このように、何行かを押さえていなければ活用の問題が解けない動詞を学びましょう。

POINT 1 「ア行・ヤ行・ワ行」のどの行かを覚えよう

1 ア行下二段活用

「**得**《う》・**〜得**《う》」は、**ア行**下二段活用の動詞です。「得《う》」は「得《え》る」の意味で、「ない」をつけると「得《e》ない」となりますね。「ない」の上が**e**段なので**下二段**活用はわかります。ですが、問題は「得《う》」なので、**ア行**だと覚えていない人は、**ア行**か**ワ行**か迷ってしまいます。そうすると、「**えず**」か「**ゑず**」のどちらで活用するのかが判断できません。

問　「得」｛ア行　**え**ず？ or ワ行　**ゑ**ず？｝

解　ア行　**え**ず！

2 ワ行下二段活用

「**植**《う》**う**・**飢**《う》**う**・**据**《す》**う**」は、**ワ行**下二段活用の動詞です。「植**e**ない」「飢**e**ない」「据**e**ない」で、「ない」の上が**e**段➡**下二段**活用はわかります。ですが、三つとも「**〜う**」なので、**ワ行**だと覚えていない人は、**ア行**か**ワ行**かで迷い、「**え**」か「**ゑ**」のどちらの文字で活用するのかが判断できません。

もちろん**ワ行**なので、「**ゑ**」で活用させましょう！

○　植**ゑ**ず　×　植**え**ず

3 ヤ行上二段活用

「**老**《お》**ゆ**・**悔**《く》**ゆ**・**報**《むく》**ゆ**」は、**ヤ行**上二段活用の動詞です。「老**い**ない」「悔**い**ない」「報**い**ない」で、「ない」の上が**i**段なので**上二段**活用、「**〜ゆ**」なので**ヤ行**もわかりますね。

では、なぜ覚えておかなければいけないのか？

たとえば「老**いず**」と出題された場合に、**ヤ行**だと覚えていない人は、**ア行**だと思ってしまうかもしれません。そうならないように、「**老い・悔い・報い**」を見たら、「**老ゆ・悔ゆ・報ゆ**」と終止形がきちんとわかるようにしておきましょう。

これらは、覚えている人にしか解けない動詞です。それぞれ数は少ないので、しっかり押さえてください。

演習

1 次の活用表を仕上げなさい。なお、未然形から命令形までは歴史的仮名遣いで書くこと。

基本形	語幹	未然形	連用形	終止形	連体形	已然形	命令形
悔ゆ							
据う							
所得							
射る							

2 次の傍線部の活用の種類を、それぞれ答えなさい。

① 貧しき人の父母は飢ゑこごゆらむ
② 年老いたる女房の、……
③ よく心得べきことなり。
④「いかでか院中にてこの言葉をば据うべき」

① ② ③ ④

3 次の各設問に、それぞれ答えなさい。

①「植うてこの君と称す」の傍線部を、文法的に正しく活用させなさい。
②「麻のふすま、得るにしたがひて……」の傍線部の読みを、歴史的仮名遣いで書きなさい。
③「御心に報いたてまつらん」の傍線部の終止形を書きなさい。
④「絶えたるさまにものしつ。」の傍線部の終止形を書きなさい。

① ② ③ ④

CHECK
10講で学んだこと

□「得・〜得」＝ア行下二段活用
□「植う・飢う・据う」＝ワ行下二段活用
□「老ゆ・悔ゆ・報ゆ」＝ヤ行上二段活用

11講 形容詞

「し・じ」で終わり、様子や状態を表す

▼ここからはじめる　現代語では「〜い」で終わる形容詞。古語では「〜し」で終わります。「行きはよいよい帰りはこわい」を古文風にすると「行きはよしよし帰りはこわし」ですね。

形容詞とは、**様子**や**状態**を表す言葉です。現代語で「楽**しい**」「すさま**じい**」など「〜**しい**」「〜**じい**」で終わる語は、古語では「**い**」を省いて「楽**し**」「すさま**じ**」です。「良い」「つらい」など「〜しい」でないものは、「い」を「し」に変えて「良**し**」「つら**し**」となります。このように、古語の形容詞は「**し**」や「**じ**」で終わります。

POINT 1 土台になる部分を押さえよう

1 活用の種類

「**なる**」をつけて「〜くなる」となれば「**ク活用**」、「〜しくなる・〜じくなる」となれば「**シク活用**」です。

例
つらし➡つら**くなる**…ク活用
楽し➡楽し**くなる**…シク活用
すさまじ➡すさまじ**くなる**…シク活用

2 活用の仕方

基本形	語幹	未然形	連用形	終止形	連体形	已然形《いぜん》	命令形
つらし	つら	（く）	く	し	き	けれ	○
		から	かり	○	かる	○	かれ

「**く・く・し・き・けれ**」をしっかり覚えましょう。左は「**か＋ラ変**」です（終止形と已然形はありません）。**助動詞**は、基本的に「**か＋ラ変**」につきます。

また、シク活用は、次のようにク活用の上に「し」がつくだけなので（終止形は「し」）、ク活用を覚えれば必然的にわかります。

基本形	語幹	未然形	連用形	終止形	連体形	已然形	命令形
たのし	たの	（しく）	しく	し	しき	しけれ	○
		しから	しかり	○	しかる	○	しかれ

POINT 2 訳し方がポイントとなる形を理解しよう

語幹（「し」を省いた部分）を用いた形の訳が問われます。

「**体言(を)語幹み**」は「**体言が語幹＋いので**」と訳します。

例　根を**深み**…根が深いので

「**あな語幹(や)・あら語幹(や)・語幹(や)**」は「**ああ、語幹＋い(なあ)**」と訳します。

例　あな**幼**や…ああ、幼いなあ

まずは、土台である「活用の種類」「活用の仕方」を押さえましょう（二行のどちらに助動詞がつくかも忘れないように）。

演習

1 次の活用表を仕上げなさい。なお、未然形から命令形までは歴史的仮名遣いで書くこと。

基本形	語幹	未然形	連用形	終止形	連体形	已然形	命令形
高し							
あやし							

2 「うたてく悲しきものなりけるを」の傍線部と活用の種類が同じものを、次から一つ選びなさい。

ⓐ かへすがへす恨めしかりける。
ⓑ 秋の風の憂き身に知らるる心ぞ
ⓒ 何にたとへても飽かず悲しかりける。
ⓓ 仏の御心のうち恥づかしけれど
ⓔ すぐれて頼もしき心地して

3 「螺鈿《らでん》の軸は貝落ちて後こそ、いみじけれ」の傍線部の品詞と意味の説明として最も適当なものを、次から一つ選びなさい。

ⓐ シク活用の形容詞の已然形であり、「すばらしい」という意味である。
ⓑ ク活用の形容詞の連体形であり、「すばらしい」という意味である。
ⓒ シク活用の形容詞「いみじ」の連用形に、過去の助動詞「けり」の已然形が接続したものであり、「すばらしかった」という意味である。
ⓓ シク活用の形容詞「いみじ」の連用形に、詠嘆の助動詞「けり」の已然形が接続したものであり、「なんとすばらしいことであるよ」という意味である。

4 「波しろみ」を現代語訳しなさい。

✔ CHECK 11講で学んだこと

- □「〜くなる」＝ク活用
- □「〜しくなる・〜じくなる」＝シク活用
- □「か＋ラ変」の下には基本的に助動詞がつく

12講 形容動詞

「なり・たり」で終わり、様子や状態を表す

▼ここからはじめる
11講で学習した形容詞と同じく、形容動詞も様子や状態を表す語です。形容詞と形容動詞はどう区別すればよいのでしょうか？　語の最後のほうを見れば簡単にわかります！

形容動詞も、形容詞と同じく、**様子**や**状態**を表す言葉です。**形容詞**は「**し**」や「**じ**」で終わりましたね。形容動詞は「**なり**」や「**たり**」で終わります。ちなみに、現代語だと「きれいだ」のように「〜だ」で終わります。

POINT 1 土台になる部分を押さえよう

1 活用の種類

「**ナリ活用**」と「**タリ活用**」の二種類があります。どちらなのかは、見た目そのままです。

タリ活用は漢文調の文章で用いるので、「漢語＋たり」の形です。

例　はなやかなり…ナリ活用
　　漫漫たり…タリ活用

2 活用の仕方

基本形	語幹	未然形	連用形	終止形	連体形	已然形《いぜん》	命令形
はなやかなり	はなやか	な**ら**	な**り**／**に**	な**り**	な**る**	な**れ**	な**れ**

基本形	語幹	未然形	連用形	終止形	連体形	已然形	命令形
漫漫たり	漫漫	た**ら**	た**り**／**と**	た**り**	た**る**	た**れ**	た**れ**

ナリ活用は「**な＋ラ変**」、タリ活用は「**た＋ラ変**」ですね。ただし、**連用形**にそれぞれ「**に**」と「**と**」もあることを忘れないようにしましょう。**連用形**に**助動詞**がくっつく場合、「**なり**」「**たり**」**の下**につきます。形容詞と同じように、活用表が二行ある場合、基本的に「〜＋ラ変」のほうに助動詞がつくのです。

POINT 2 「形容詞」と「形容動詞」を見分けよう

形容詞と形容動詞は、どちらも様子や状態を表す語ですが、活用の仕方が違います。語の最後のほうの文字を確認しましょう。次のようになります。

く・し・き・けれ・から・かり・かる・かれ…**形容詞**
なら・なり・なる・なれ・に…**形容動詞**（ナリ活用）
たら・たり・たる・たれ・と…**形容動詞**（タリ活用）

働きが同じでも、活用の仕方で品詞が判断できるのです。

演習の解答 ➡ 別冊P.14

演習

1 次の活用表を仕上げなさい。なお、未然形から命令形までは歴史的仮名遣いで書くこと。

基本形	語幹	未然形	連用形	終止形	連体形	已然形	命令形
遥《はる》かなり			｜				
散散たり			｜				

2 次の傍線部の活用の種類と活用形を、それぞれ答えなさい。

① なごやかに言ひたまへり。

② たまたま心まめなる時は、……

③ 雨朦朧《もうろう》として鳥海《てうかい》の山かくる。

④ 「をかしげならむ、植ゑかへむ」

①　②

3 次の（　）内の語を、それぞれ適当な形に活用させなさい。

① （ひそかなり）尋ねられしに、……

② 住まひなど（きたなげなり）ずしなして……

③ （漫漫たり）海上なれば、……

④ たばかれけるこそ（おろかなり）。

③　④

①　②

③　④

✔ CHECK
12講で学んだこと

□ ナリ活用は「な＋ラ変」と連用形「に」
□ タリ活用は「た＋ラ変」と連用形「と」
□ タリ活用は「漢語＋たり」の形

13講 活用1（特殊型）

助動詞特有の動き方をする「ず・き・まし」

▼ここからはじめる 助動詞の活用の多くは、用言をヒントにすれば簡単！ ただし、三つは新たな動き方として、きちんと覚える必要があります。たった三つ、先に押さえてしまいましょう！

助動詞とは、他の語に**くっついて意味**を加え、**活用**しましたね。助動詞を学習する際には、次の三つのポイントがあります。

1. **くっつくルール⬇接続**といいます
2. **意味**
3. **活用**

助動詞を一つずつ学習して、この三つをそれぞれ覚えていくよりも、「**接続**」と「**活用**」は、まとめて学習したほうが断然覚えやすいのです。**13講**と**14講**で「活用」をマスターしましょう。助動詞の活用は、用言の活用を利用するものが大多数です。**06講**～**12講**で用言を学習したばかりなので、簡単ですね。ですが、三つだけ、助動詞特有の動き方をします。今回は、特殊な動き方をする助動詞「**ず・き・まし**」の活用を学習しましょう。

POINT 1 助動詞特有の動き方を覚えてしまおう

1 ず

基本形	未然形	連用形	終止形	連体形	已然《いぜん》形	命令形
ず	ず	ず	ず	ぬ	ね	○
	ざら	ざり	○	ざる	ざれ	ざれ

右側をしっかり覚えましょう。左側は「**ざ＋ラ変**」でOKですね。二行ある理由はわかりますか？ 形容詞や形容動詞と同じです。「ざ＋ラ変」の下には、基本的に**助動詞**がつきます。

2 き

基本形	未然形	連用形	終止形	連体形	已然形	命令形
き	せ	○	き	し	しか	○

表を見ながら、早口で何度もブツブツ唱えて覚えましょう！

3 まし

基本形	未然形	連用形	終止形	連体形	已然形	命令形
まし	ませ ましか	○	まし	まし	ましか	○

未然形が二つありますが、使用していた時代が違うだけで入試で違いは問われませんので、**未然形**には「**ませ**」と「**ましか**」の二つがあると、そのまま覚えてください。

それぞれ規則性のない特殊な動き方ですが、スラスラ言えるように何度も復唱して覚えましょう。

演習

1 次の傍線部の活用形を、活用表から考えてそれぞれ答えなさい。傍線部は助動詞で、①「ず」②「き」③「まし」です。

① なほ忍びて給はぬにや、……

② おぼめき侍りしかばなむ、……

③ 落ち穂拾ふと聞かませば我も田面《たづら》に行かましものを

①［　　］ ②［　　］ ③［　　］

2 次の空欄に、助動詞「ず」をそれぞれ適切な形に活用させて入れなさい。

① 彼が見るべきにはあら［　］ども※、……

※「ども」＝助詞

② 異事《ことごと》ものたまは［　］けり※。

※「けり」＝助動詞

③「などか仰《おほ》せ言も賜《たま》は［　］」

④「我等をばかく取つてかかるべき者こそ覚え［　］」

①［　　］ ②［　　］ ③［　　］ ④［　　］

3 次の空欄に、助動詞「き」をそれぞれ適切な形に活用させて、入れなさい。

① 世間の作法したためさせ給ひ［　］ど、……

② 心得たりけるとぞ、人申し侍り［　］。

①［　　］ ②［　　］

4 「持ち伝へたら［　］ば、……」の空欄には、助動詞「まし」の未然形が入ります。答えとして適当なものを、次から一つ選びなさい。

ⓐ ましか　ⓑ ましから

ⓒ ましかり　ⓓ ましけれ

［　　］

✔ CHECK 13講で学んだこと

□「ず・き・まし」の活用表がスラスラ言えるようになる
□「ず」の「ざ＋ラ変」の下は基本的に助動詞がつく
□「まし」の未然形は「ませ」と「ましか」の二つがある

14講 活用2（その他）

型で動き方を押さえる助動詞

▼ここからはじめる　特殊型以外の助動詞の活用を学習します。「用言と共通点があるもの」と、「それぞれの助動詞と型を覚えるべきもの」の二つに分けて押さえましょう。

特殊型以外の助動詞の活用をマスターしましょう。

POINT 1 用言との共通点を意識するもの

1「～り」➡**ラ変型**

「り」で終わる助動詞は、ラ変と同じように動きます。

基本形	未然形	連用形	終止形	連体形	已然形《いぜん》	命令形
けり	けら	○	けり	ける	けれ	○

助動詞「けり」は「**け＋ラ変**」。途中にない箇所もありますが、大雑把に「～り」はラ変型と押さえましょう。**断定**「**なり**」「**たり**」は**形容動詞型**です。それぞれ**連用形**に「**に**」と「**と**」があることを忘れないようにしてください。

2「～し・～じ」➡**形容詞型**

「し・じ」で終わる助動詞は、**形容詞型**（二行ある理由も同じ）。

※「じ・らし・まし」以外

基本形	未然形	連用形	終止形	連体形	已然形	命令形
べし	○	べく	べし	べき	べけれ	○
	べから	べかり	○	べかる	○	○

3「ぬ」➡**ナ変型**

「ぬ」はナ変同様「**な／に／ぬ／ぬる／ぬれ／ね**」と動きます。

4「むず（んず）」➡**サ変型**

「むず」は「んず」とも。「～んず」はサ変でしたね。「○／○／むず／むずる／むずれ／○」と動きます。

POINT 2 何型で動くのかを覚えるべきもの

1「る・らる・す・さす・しむ・つ」➡**下二段型**

「る・らる・す・さす・しむ・つ」は下二段型と覚える必要があります。「型」を押さえれば、動き方はその場でわかります。

例「しむ」　しめ／しめ／**しむ**／**しむる**／**しむれ**／**しめよ**

2「む・らむ・けむ」➡**四段型**

「む」は「○／○／む／む／め／○」と動きます。「らむ」は「ら」を、「けむ」は「け」を、「む」の動き方の上につけます。

3「じ・らし」➡**無変化型**

「じ」は「○／○／じ／じ／じ／○」です。ない箇所にこだわらず、大雑把に**無変化**でOKです。「**らし**」も同じ。

これで助動詞の活用はバッチリです！

演習の解答 ➡ 別冊P.16

演習

1 次の傍線部の活用形を、活用表から考えてそれぞれ答えなさい。傍線部は助動詞で、①「たり」、②「つ」、③「むず」です。

① 中通りて左右にあきたるがちひさきを奉りて……

② 今年をばかくて忍び過ぐしつれば、……

③ 人々渡りて、聞かむずるに……

①	②	③

2 次の（　）内の語を、それぞれ適当な形に活用させなさい。

① 田園をも損亡せ（しむ）事、……

② 名をば六とぞいひ（けり）。

③ 家にすゑたる人こそ、やんごとなく思ふにあら（む）。

④ 失せかくれ（ぬ）たる由《よし》を知らせてあり。

⑤ 僻事《ひがこと》せむ人をぞ、まことの盗人とはいふ（べし）。

⑥ 言は（す）けるを、……

⑦ かかればこそ、年ごろ仲らひよからで過ぎ（つ）。

⑧ 七曲《ななわだ》にまがれ（り）玉の緒を……

⑨ 思ひたるけしき（なり【断定】）て、……

⑩「失ふ（べし）ず」

⑪ 論なくもとの国にこそゆく（らむ）。

⑫ もの言ひつたへ（さす）人に、……

⑬ 時雨もしらぬ青葉なる（らし）。

⑭ まことにやあり（けむ）。

⑮ 足づから行かずは、います（まじ）けり。

①	②	③
④	⑤	⑥
⑦	⑧	⑨
⑩	⑪	⑫
⑬	⑭	⑮

✔ CHECK
14講で学んだこと

□「〜り」＝ラ変型
□「〜し・〜じ」＝形容詞型（「じ・らし・まし」以外）
□「ぬ」＝ナ変型
□「じ・らし」＝無変化型
□ 下二段型の六つがスラスラ言えるようになる

15講 接続 1

助動詞の上の形を押さえる

▼ここからはじめる 助動詞は他の語にくっつきますが、なんでもかんでもくっつけるわけではなく、何にくっつくか決まっています。その決まりを押さえてこそ、正しい古文読解が可能になるのです！

助動詞が他の語につくとき、それぞれ何につくのか決まりがあります。その「くっつくルール」を**接続**といいました（↓**13講**）。

たとえば、活用形を考える際、下に「**けり**」があれば、その上は**連用形**です。これは、実は助動詞の接続を利用しているのです。助動詞「**けり**」は、必ず連用形にくっつくと決まっています。ですから、下に「けり」があれば、その上は必然的に連用形だとわかるのです。「けり」のように**連用形にくっつく**助動詞を、「**連用形接続**の助動詞」といいます。

補足 「接続」が超重要なのはナゼ？

古文では、接続を利用して「その語が何か」を判断する場合がとても多いのです。詳細は**27講**でまた学習しますので流し読みでOKですが、古文を読んでいて「ぬ」の文字が出てきて助動詞だった場合、上の活用形（＝接続）によって、次のように正反対の訳になるのです！

未然形につく「**ぬ**」＝「〜**ない**」

㊀ **言はぬ**＝言わ**ない**

連用形につく「**ぬ**」＝「〜（し）**た**」

㊀ **言ひぬ**＝言っ**た**

POINT 1 何度も唱えて覚えよう

1 未然形接続の助動詞

未然形にくっつく助動詞は次の十一個です。言いやすいであろうグループにまとめて改行しましたので、縦セット×四を早口でブツブツ唱えて覚えてください。

る・らる
す・さす・しむ
む・ず・むず
じ・まし・まほし

2 連用形接続の助動詞

連用形にくっつく助動詞は次の七個です。こちらは意味別で大雑把にグループにしています。意味は未学習ですが、ひとまずこの七個をブツブツ唱えて覚えてください。

き・けり（過去）
つ・ぬ・たり（完了）
けむ（過去推量）
たし（希望）

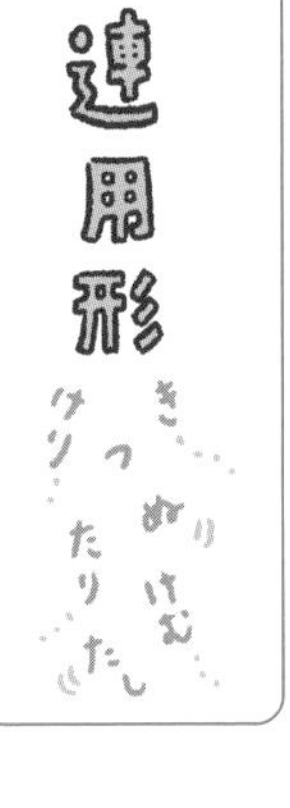

まずは見ながらでいいので、口が覚えるまで唱えましょう！

演習

1 次の傍線部の活用形を、それぞれ答えなさい。

① よもあらせじ。

② 西の国の歌枕見まほしとて……

③ 「契《ちぎ》りなつかしくて」と、いひし折、……

④ 大きなる籠《こ》の下《した》なりつる火取をとり寄せて……

⑤ この院にまかでさせたまふ。

⑥ 塩竈《しほがま》のなぎたる朝げしき、……

⑦ 麻柱にあげ据ゑられけり。

2 「山籠もりにて　むを聞かむのみぞうれしかるべき。」の空欄に入る「おはす」の正しい活用形を、次から選びなさい。

ⓐ おはさ　ⓑ おはし　ⓒ おはす
ⓓ おはすれ　ⓔ おはせ

3 次のⓐ～ⓓの傍線部のうち、助動詞「き」の活用形ではないものを一つ選びなさい。

ⓐ 事に触れて思へるさまもらうたげなりき。

ⓑ 久しくまからざりし頃、……

ⓒ 後にこそ聞き侍りしか。

ⓓ 荒れたる家の露しげきをながめて……

CHECK
15講で学んだこと

□ 活用形を問われて下が助動詞なら、その「接続」が答え
□ 未然形接続の助動詞を11個言えるようになる
□ 連用形接続の助動詞を7個言えるようになる

16講 接続2 上の形にこだわりがある助動詞

▼ここからはじめる 15講で学んだ未然形接続と連用形接続の助動詞は、それぞれ数は多くても、接続は確実に決まっています。今回は、接続にこだわりがある助動詞を中心に学びましょう。

未然形、連用形接続以外の助動詞の接続を学習しましょう。

POINT 1 接続が複数あるものを押さえよう

1 終止形接続の助動詞

終止形にくっつく助動詞は、次の六個です。

「**なり**（**伝聞推定**）」「**めり**」「**らし**」「**らむ**」「**べし**」「**まじ**」

ただし、**終止形接続**の助動詞は、上が**ラ変型に活用する語の場合、終止形ではなく「連体形」**にくっつきます。

㊎
○ 言ふ《終止形》べし
× あり《ラ変終止形》べし ⬇ ○ ある《ラ変連体形》べし

これは、音が関係しています。**終止形接続の助動詞**は、**u段にくっつきたい**のです。**終止形**は通常**u**段です（例 言ふ、詠む、聞く など）。ただし、**ラ変型**の終止形は「〜り」です。そこで、「ら／り／り／る／れ／れ」の**連体形**「る」につくのです。

助動詞が形容詞につく場合、「**か＋ラ変**」につきました。終止形接続の助動詞が形容詞につくとき、**ラ変型**なので**連体形**「〜かる」につきます。

例 × めでたしべし ⬇ ○ **めでたかる**べし

2 助動詞「り」の接続

助動詞「**り**」がくっつくのは、「**サ変動詞の未然形**」か「**四段動詞の已然《いぜん》形**」だけです。**サ変**なら**未然**形、**四段**なら**已然**形じゃないとダメなのです。とてもこだわりが強いですね。

有名な「**さみしいりかちゃん**」の語呂合わせは、「**サ**変**未**然《み》・**四**《し》段**已**《い》然＋「**り**」（意味「完了」の「**か**」）」をつなげたものです。

補足 「り」の接続は四段動詞の已然形？ 命令形？

「り」の接続は、四段動詞の場合、一般的には「已然形」とされていますが、まれに「已然形」ではなく「命令形」、もしくは「已然形・命令形」と書かれているものもあります。もし見かけても、「間違っている!?」と混乱せずに「そっちの説ね」でOKです。

POINT 2 体言などに接続する助動詞

なり（断定）⬇体言・連体形
たり（断定）⬇体言
ごとし⬇体言・連体形・助詞「の・が」（⬇17講）

すべての助動詞の接続を完璧にマスターしましょう！

演習の解答 ➡ 別冊P.20

演習

1 次の傍線部の活用形を、それぞれ答えなさい。

① 後の世がたりにいひつたふべしとなり。
② 世の諺《ことわざ》にいへりけり。
③ 雪と消えにし人や恋《こ》ふらむ
④ 深き心をよまむことかたかるべしといへども、……
⑤ 小判一両持つまじきものにもあらず。
⑥ 思ひ合ひ給ふめること、……
⑦ さすが被《かづ》きて走りつらん足もと思し出づるも、……

①　②　③　④　⑤　⑥　⑦

2 次の（　）内の語を、それぞれ適当な形に活用させなさい。

① 歌枕とて（侍り）めるに、……
② 我、理を（存ず）り。
③ いみじう（からし）べきことにてなむ……
④ この楼に月を見る身と（なる）れど、……

①　②　③　④

3 「見えぬ山路をこそは尋ぬなれ。」の傍線部の助動詞の意味として適当なものを、次から選びなさい。

ⓐ 伝聞推定　ⓑ 断定

✔ CHECK 16講で学んだこと

□ 終止形接続の助動詞を6個言えるようになる
□ 終止形接続の助動詞は、上がラ変型の時には連体形につく
□ 助動詞「り」の接続はサ変の未然形・四段の已然形

17講 まずは訳が一つしかないものを覚えよう 「ず」「たし・まほし」「らし・めり」「ごとし」

▼ここからはじめる　前講までに助動詞の三つのポイントの二つ、「活用」と「接続」を学習しました。今回から最後のポイント「意味」を学びます。意味・訳を即答できるようにしましょう。

一つの意味しかない助動詞と、二つの意味があっても一つの訳がわかればOKな助動詞を学習しましょう。

POINT 1 一つの意味しかない助動詞

1 ず **活用** 特殊型 **接続** 未然形

意味 **打消《うちけし》**（〜ない）

現代でも「わから《未然形》ず」（わからない）などのように使うため、**打消**も**未然形接続**もわかりますね。ポイントは活用（➡**13講**）です。

2 たし **活用** 形容詞型 **接続** 連用形

まほし **活用** 形容詞型 **接続** 未然形

意味 **希望**（〜たい・〜てほしい）

「たし」と「まほし」は希望の意味です。「たし」は現代の「たい」。「まほし」は「**ま**ぁ！ **ほし**い」と覚えておくと簡単です。

POINT 2 「めり」「ごとし」は「ようだ」でOK

1 らし **活用** 無変化型 **接続** 終止形

めり **活用** ラ変型 **接続** 終止形

意味 **推定**（〜らしい・ようだ）

「らし」と「めり」は**推定**の意味です。「**らし**」は「**らしい**」で、ほぼそのまま。「めり」には、もう一つ、**断定を避けて遠回しに表現**する「**婉曲《えんきょく》**」（**〜ような**）という意味もあります。「めり」は「**ようだ**」系（〜ようだ・〜ような）と覚えておくと便利。ちなみに、どちらも**終止形接続**なので、上が**ラ変型**の場合は**連体形**につきます。

2 ごとし **活用** 形容詞型 **接続** 左記解説参照

意味 **比況**（まるで〜ようだ） **例示**（たとえば〜ようだ）

「**ごとし**」は「**比況**」「**例示**」の意味ですが、どちらも「**ようだ**」が共通です。まずは「**ようだ**」が出てくるようにしましょう。

接続は、**体言・連体形**・助詞「**の**」・「**が**」です。大事なのは助詞「**の**」・「**が**」の違い。「光陰矢**のごとし**」のように「体言**のごとし**」、「及ばざる**がごとし**」のように「連体形**がごとし**」となります。例文で覚えると、スッと思い出せて便利です！

ちなみに、「ごとし」の活用は形容詞型ですが、「か＋ラ変」の動き方はありません。「（ごとく）／ごとく／ごとし／ごとき／○／○」と一行で活用します。

今回学習した助動詞は、見た瞬間パッと訳せることが大事です。活用・接続は当然ですが、意味・訳も即答できるようにしましょう。

演習

1 次の傍線部の助動詞「ざり」について、文法的意味・終止形・文中での活用形の順に答えなさい。

確かにも聞き侍らざりき。

2 次の（　）内の語を、それぞれ適当な形に活用させなさい。

① かくの（ごとし）盗人にあふといへども、……
② いかにも昔の歌にこそ（侍り）めれ。
③ なかなか風雅の目にやと言は（まほし）し。

3 次の傍線部の意味として最も適当なものを、あとからそれぞれ一つずつ選びなさい（同じ記号を何度使ってもかまいません）。

① 岩屋のめでたき見ゆめり。
② 我も寿《いのち》は知らねども、……
③ ただ木に離れたる猿のごとく、陸に上る魚に異ならず。
④ 明け暮れ、目も離れず見まほしき人……
⑤ 五節の局《つぼね》を日も暮れぬほどにみなこぼちすかして、……
⑥ 水底の月の上より漕《こ》ぐ舟の棹《さお》にさはるは桂《かつら》なるらし
⑦ 身に代へて、孫どもをこそ助けたけれ。
⑧ さすがにえこそ思ひ立ちはべらね。

ⓐ 打消　ⓑ 推定　ⓒ 完了　ⓓ 希望　ⓔ 比況

✔ CHECK 17講で学んだこと

☐「たし」は「たい」、「らし」は「らしい」
☐「まほし」は「まぁ！　ほしい」＝希望
☐「めり」「ごとし」は「ようだ」系

18講 「き・けり」「たり・り」

過去も完了も訳は「〜た」

▼ここからはじめる　過去と完了の助動詞を学習します。完了の訳は、過去と同じように「〜た」でOKです。また、それぞれ、他の意味も持っています。見分け方をしっかり押さえましょう。

過去と完了は、どちらも「〜た」と訳せばよいですが、それぞれ意味はきちんと答えられるようにしましょう。

POINT 1 「〜た」以外の意味にも気をつけよう

1
- **き**　活用 特殊型　接続 連用形
- **けり**　活用 ラ変型　接続 連用形

意味 過去（〜た）

「き」と「けり」は過去の意味です。「き」は**直接過去**。自分が見たり聞いたりした過去で、**経験過去**とも。「けり」は**間接過去**。他人の経験を聞いて知った過去で、**伝聞過去**とも。ただし、かなり大雑把に使用されているので、まずは「過去」を押さえましょう。

また、「**けり**」には**詠嘆**（〜なあ）の意味もあります。詠嘆の意味になるのは次の四つの場合。それ以外は過去です。

❶ **和歌中**　❷ **なりけり**　❸ **べかりけり**　❹ **会話文中**

❶〜❸は、ほぼ詠嘆。❹は「〜なあ」と訳して、おかしければ過去。

補足　「き」が未然形についている!?

「き」は連用形接続ですが、連体形「**し**」・已然形「**しか**」は、**カ変とサ変の未然形**にも接続します。

例　**こし・こしか・せし・せしか**

2
- **たり**　活用 ラ変型　接続 連用形
- **り**　活用 ラ変型　接続 サ変未然形・四段已然形

意味 完了（〜た）　存続（〜ている）

「たり」と「り」は、完了と存続の意味があり、**訳して見分けます**。まず**存続**「**〜ている**」で訳して、おかしければ完了です。選択肢問題であれば、どちらかの意味しかない場合が多いのですが、両方ある場合や、記述問題の際は、訳して判別してください。

例題

❶ 次の傍線部の助動詞の意味を答えなさい。

幼き者遊びゐたるを、女来たりて、抱きて帰りけり。

手順1 **傍線部の助動詞を考える**

連用形に接続する「**たる**」⬇助動詞「**たり**」の連体形です。

手順2 **まず存続（〜ている）から訳してみる**

「幼い者が遊んで**いる**のを、女が来て、抱いて帰った」と訳しておかしくないので、「**存続**」です。

文脈判断以外の見分け方があるものは、見分け方を把握すると、文中に出てきた際にサッと意味を判別できるようになるので、きちんと押さえましょう。

例題の解答　❶ 存続

演習

1 次の（　）内の語を、それぞれ適当な形に活用させなさい。

① 源氏の女子をおほく中宮と（す）り。

② 琵琶《びは》を習ひ得たること世に優れ（たり）き。

③ われはと（思ふ）るさまに、……

①
②
③

2 次の傍線部を、例にならって文法的に説明しなさい。

例 打消の助動詞「ず」の未然形

始皇、秦の武王と軍を起こし負けんとせし時、……

3 次の傍線部の意味を、それぞれ答えなさい。

① 詠める歌を大臣《おとど》にたてまつりけり。

② 思ひいづや　なき名たつ身は　うかりきと
現人神《あらひとがみ》に　なりし昔を

③ ものへいなむと思ひたる気色《けしき》を見て、親、明け暮れ呼びするて……

④ やをら見れば、えもいはず大きなる蛇なりけり。

⑤ 如月《きさらぎ》の二十日余りなりしかども、……

⑥ よく聞きて後、その男をば追ひ出してけり。

⑦ 赤染時望《あかぞめのときもち》の娘の腹に挙周《たかちか》をば産ませたるなり。その挙周勢長じて、文章の道にやむごとなかりければ、……

⑧ 箱根山　底に流るる　駒が滝
をりをり氷る　冬は来にけり

① ② ③ ④ ⑤ ⑥ ⑦ ⑧

✓ CHECK
18講で学んだこと

□ 詠嘆「けり」の見分け方が言えるようになる
□「き」は直接過去、「けり」は間接過去
□「たり・り」は存続から訳して確認

19講 「つ・ぬ」

「つ」「ぬ」を見かけたら真下チェック！

▼ここからはじめる **18講**で完了の助動詞「たり・り」を学びました。完了の助動詞は他にもあります。それが、「つ・ぬ」です。ただし、もう一つの意味は「存続」ではありません。いざ確認！

完了の助動詞は「たり・り」だけではありません。「つ・ぬ」も完了の助動詞です。もう一つの意味が違い、こちらは文脈判断以外の見分け方もしっかり押さえる必要があります。

POINT 1 「つ・ぬ」があれば、まず真下を見よう

1
- **つ** 活用 **下二段型** 接続 **連用形**
- **ぬ** 活用 **ナ変型** 接続 **連用形**

意味 **完了**（～た） **強意**（きっと～・必ず～）

「つ」と「ぬ」は、**完了**と**強意**の意味があります。見分け方は、**真下**に**推量系**の助動詞が**あれば強意**、**なければ完了**です。推量系の助動詞は未学習ですが、先取りで三つお伝えすると、「**む・らむ・べし**」が代表的な推量系の助動詞です。具体的には次の形で出てきます。

例
てむ
なむ
つらむ
ぬらむ
つべし
ぬべし
「**きっと～だろう**」
「**必ず～しよう**」

「**て・な**」は「つ・ぬ」の未然形。「む」は未然形接続です。「らむ・べし」は終止形接続なので「**つ・ぬ**」につきます。この「**て・な・つ・ぬ**」が**強意**です。**推量**は**意志**の意味などもあり、「**きっと～だろう**」や「**必ず～しよう**」と訳します。

例題

1 次の傍線部の助動詞の意味を、それぞれ答えなさい。
① ほととぎす鳴きぬべし。
② ほととぎす鳴きぬ。

①
②

手順1 **傍線部の助動詞を考える**
どちらも**連用形**に接続する「**ぬ**」なので、助動詞「ぬ」です。

手順2 **真下に推量系の助動詞があるかないかを確認する**
①傍線部の真下が「**べし**」。「べし」は**推量**の助動詞です。
②傍線部の真下は「。」です。

手順3 **真下に推量系の助動詞があれば強意**
①真下が推量系の助動詞なので**強意**。訳は「ホトトギスが**きっと鳴くだろう**」で、鳴くのは「これから」です。
②真下が推量系の助動詞ではないので**完了**。訳は「ホトトギスが鳴い**た**」で、すでに鳴いたのです。

完了と強意の訳では、大きな違いがあります。意味を取り間違えないように、真下をしっかり確認して気をつけましょう。

例題の解答 **1** ①強意　②完了

演習

1 「帰らざりつれば」の傍線部の文法的説明として最も適当なものを、次から一つ選びなさい。

ⓐ 動詞未然形＋助動詞連用形＋助動詞未然形
ⓑ 動詞連用形＋助動詞終止形＋助動詞已然《いぜん》形
ⓒ 動詞已然形＋助動詞連用形＋助動詞未然形
ⓓ 動詞未然形＋助動詞連用形＋助動詞已然形
ⓔ 動詞已然形＋助動詞終止形＋助動詞未然形

［　　］

2 次の傍線部の意味を、それぞれ答えなさい。

① 萩《はぎ》の下葉《したば》もうつろひにけり
② まことに人の心をただしつべし。
③ 待ち恋ひぬらむ。
④ この御社に今宵は留まりぬ。

①［　　］ ②［　　］ ③［　　］ ④［　　］

3 次の傍線部を、例にならって文法的に説明しなさい。

例 打消の助動詞「ず」の未然形

「此《こ》の形のあやしく侍るに、衣、袈裟《けさ》尋ね給はりてむや」

［　　］

4 次の空欄に入る語句として最も適当なものを、あとから一つ選びなさい。

築地《ついひぢ》を越えて、男入りにけり。その男、女房に「築地を越えてなむまゐり来［　］」といはせける……

ⓐ ぬ　ⓑ つる　ⓒ ける　ⓓ たり　ⓔ しか

［　　］

CHECK 19講で学んだこと

□「つ・ぬ」は完了・強意の助動詞
□「つ・ぬ」の真下に推量系があれば強意
□推量の助動詞は「む・らむ・べし」など

20講 「す・さす・しむ」

「す・さす・しむ」も真下チェック！

▼ここからはじめる

「尊敬」（〜なさる）と「使役」（〜させる）は全然意味が違います。古文の助動詞「す・さす・しむ」は尊敬か使役なので、意味を間違えないように見分け方を把握しましょう。

突然ですが、「敬いたい偉い人」と「召使い」を間違えたら大変ですよね。今回学習する助動詞は、意味を取り間違えてしまうと、それくらいの違いがあるので、見分け方をしっかり押さえましょう。

POINT 1 「す・さす・しむ」は、まず真下を確認しよう

1

す	活用 下二段型	接続 未然形
さす	活用 下二段型	接続 未然形
しむ	活用 下二段型	接続 未然形

意味 **使役**（〜せる・させる） **尊敬**（〜なさる）

「す」「さす」「しむ」は、使役と尊敬の意味があります。見分け方は、**真下**に**尊敬語**（「給ふ・おはす・おはします」など）が**なければ使役**です。

真下に尊敬語がなければ使役

す・さす・しむ ＋ ~~尊敬語~~《ナシ》

※尊敬語＝給ふ・おはす・おはします など

真下に尊敬語がある場合は、**上**（真上でなくてもOK）に「**人に・人を召して・人をやりて・人に命じて・人して**（格助詞「して」＝〜に命じて）」などが**あれば使役**、**なくても**「**人に**」**が補える**場合も**使役**、そうでなければ**尊敬**です。

上に「人に」などがあれば使役

人に・人を召して・人をやりて・人に命じて・人して 〜 す・さす・しむ ＋ 尊敬語 ＝ 使役

※なくても補える場合も使役

※ないし、補えない ⬇ 尊敬

「なくても補える場合」は文脈判断が必要ですが、それ以外は見分け方のルールにあてはめると判別できます。見分け方をきちんと把握して、真下や上を確認しましょう。

補足 「す・さす・しむ」の違いは何?

「**す**」は**四段・ナ変・ラ変**の未然形「**a・な・ら**」に接続します。共通点は**a段**で、「**a段＋す**」です。「**さす**」は**それ以外**の未然形に接続し、「~~a段~~＋**さす**」です。

㊄ 詠ま《a》**す**／答へ《a》**さす**

ちなみに、「しむ」は漢文訓読調の文章で用います。

演習

1 「露顕せしめむ」の文法的説明として、最も適当なものを次から一つ選びなさい。

ⓐ 動詞「露顕せし」＋助動詞「めむ」
ⓑ 動詞「露顕せ」＋助動詞「しめ」＋助動詞「む」
ⓒ 動詞「露顕せ」＋助動詞「し」＋助詞「め」＋助動詞「む」
ⓓ 名詞「露顕」＋動詞「せし」＋助動詞「め」＋助詞「む」

2 次の傍線部の意味を、それぞれ答えなさい。

① 博雅まづ下人をもつて内々にいはするやう、……
② 御火取《ひとり》召して、いよいよたきしめさせたてまつりたまふ。
③ わざとその人かの人にせさせたまへるとたづね聞きて……

① ② ③

3 次の傍線部を、例にならってそれぞれ文法的に説明しなさい。

例 存続の助動詞「たり」の連体形

① 瓶子《へいじ》一具、口包ませて人々をもてなしけるが、……
② 中宮の出《い》でさせ給ふに……

① ②

4 「聞かせけり。」の傍線部と同じものを、次から一つ選びなさい。

ⓐ 殿おぼすやうやあらむ、せさせたまはず
ⓑ あしたの露もまだ落ちぬに、殿ありかせ給ひて
ⓒ つらうも待るかなと、せめて思ひしづめてのたまふ
ⓓ あるやんごとない大臣家に、和歌の会せられけるに
ⓔ 次男に養ひ立て、河津《かわづ》次郎祐親《すけちか》と名乗らせける

✔ CHECK 20講で学んだこと

□「す・さす・しむ」の真下が尊敬でなければ「使役」
□「人に・人を召して・人に命じて」などがある、もしくは、補えるなら「使役」

21講 語源と意味をセットでつかむ 「なり」（断定と伝聞推定）

▼ここからはじめる 断定の「なり」と、伝聞推定の「なり」。見た目は同じですが、別の助動詞で、語源も違います！ 「活用」も「接続」も違いましたよね。それぞれきちんと言えますよ…ね!?

助動詞「**なり**」には、**断定**と**伝聞推定**の二種類があり、別物です。一つずつ確認しましょう。

POINT 1 「なり」があれば接続（＝上）を確認しよう

1 断定 活用 形容動詞型 接続 体言・連体形

体言・連体形に接続する「**なり**」が**断定**（〜である）です。語源は「**に＋あり**」。よって、**存在**（〜にある・〜にいる）の意味もあります。**場所・方角**＋「**なり**」は「**存在**」です（人がいる「舟」や物が入る「壺《つぼ》」も、その人や物にとって「場所」とみなします。難しく考えなくても、「である」と訳すとおかしいので気づけます）。

例 北《方角》なる寺（北にある寺）
　 舟なる人（舟にいる人）　舟である人（×）

それ以外が、**断定**です。

補足 断定「なり」はストライクゾーンが広め!?

断定「なり」の接続は**体言**か**連体形**ですが、**助詞**や**副詞**にもつきます。（例 〜**ばなり**・〜ばかり**なり**・かく**なり** など）

形容詞型につく場合、「か＋ラ変」の「〜かる」ではなく、「〜き」につくのも断定「なり」の特徴です。

---

2 伝聞推定 活用 ラ変型 接続 終止形

終止形に接続する「**なり**」が**伝聞**（〜そうだ）**推定**（〜ようだ）です。語源は「**音《ね》＋あり**」。選択肢が「伝聞」か「推定」のどちらかしかない場合や、「伝聞推定」となっている場合は、迷うことなく選べますね。ただし、まれに「伝聞」と「推定」が両方ある場合もあります。見分け方をお伝えしておくと、**人から伝え聞いた**ものが「**伝聞**」、**音が根拠になっている**ものが「**推定**」です。

例 聞けば、男は去りぬなり《伝聞》。
（聞くところ、男は去ったそうだ。）

例 猫の声《音》すなり《推定》。
（猫の声がするようだ。）

ちなみに、**終止形**接続は、**ラ変型**の場合は**連体形**に接続しました。ラ変型の連体形につく「なり」が、「断定」か「伝聞推定」かは**32講**で学習しますので、今は基本（**体言・連体形＋なり＝断定**、**終止形＋なり＝伝聞推定**）をしっかり押さえてください。

助動詞「なり」が出てきたら、接続を確認して、二つを正しく判別できるようにしましょう。

演習の解答 ➡ 別冊P.29

演習

1 次の傍線部の文法的説明として最も適当なものを、あとからそれぞれ一つずつ選びなさい（同じ記号を何度使ってもかまいません）。

① かたちもよく、心ばへもよきおはすなり。

② 上達部《かんだちめ》の子にて、あてなる人なり。

③ 庭の遣《や》り水の音の聞こゆなるは、……

ⓐ 伝聞推定の助動詞「なり」の終止形
ⓑ 伝聞推定の助動詞「なり」の連体形
ⓒ 断定の助動詞「なり」の連用形
ⓓ 断定の助動詞「なり」の終止形
ⓔ 断定の助動詞「なり」の連体形

① ② ③

2 次の傍線部の意味を、それぞれ答えなさい。

① 大きなる籠《こ》の下《した》なりつる火取をとり寄せて、……

② かばかり思ひたちてとまるべきならず。

③ 「東なるは妹《いも》山、西なるは背《せ》山」と教ふ。

④ 啄木《たくぼく》といふ曲は、この法師のみこそ伝ふなれ。

⑤ 静まりぬなり。

⑥ かたはらいたければ書かぬなり。

⑦ 長崎の津なる東明山にのぼり、……

① ② ③ ④ ⑤ ⑥ ⑦

✓ CHECK 21講で学んだこと

- □ 体言・連体形＋「なり」＝「存在・断定」
- □ 場所・方角＋「なり」＝「存在」
- □ 終止形＋「なり」＝「伝聞推定」

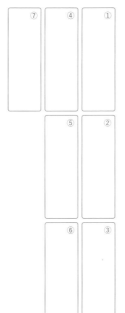

22講 「まし」

「反実仮想」とは英語の「仮定法」

▼ここからはじめる
「まし」には四つの意味があります。一気に今までの倍ですね。ですが、特に大事なのは二つだけ。まずは、**1**・**2**をしっかり理解しましょう。**3**・**4**はオマケ程度で。

助動詞「まし」の**意味**をメインに学習しますが、まずは復習。

活用の仕方が具体的に言えない人は、今すぐ**13講**を確認しなおしてから、続きを学習してください。

まし　活用 **特殊型**　接続 **未然形**

POINT 1　1・2が超重要。3・4は補足的でOK

助動詞「**まし**」の四つの意味を、一つずつ見ていきましょう。

1 反実仮想

「**もし～ならば…だろうに**」と訳す用法です（英文法の用語だと「仮定法」といわれているものと同じです）。

～{せ／ませ／ましか／未然形}ば…まし

例　雨降らざら**ましかば**行か**まし**。
（雨が降らなかったら行っただろうに。）

「**ませ**」と「**ましか**」は「**まし**」の**未然形**。**赤線**の意味を問われたならば、**反実仮想**と答えましょう。「**せ**」は**過去**の助動詞「**き**」の**未然形**。意味は**過去**ですが、訳は**反実仮想**で「（連用形＋）**せば**」＝「**もし～ならば**」です。「せ」「ませ」「ましか」の部分が他の未然形の場合も、反実仮想です。

2 ためらいの意志

「**～しようかしら・たらよいだろう**（か）」と訳す用法で、「**疑問語**～＋**まし**」の形で用います。**疑問語**とは、**係助詞**「**や・か**」や「**何・誰**《たれ》**・いづれ**」などです。他に、「**な～**」（例**など・などて・などてか**など）や「**いか～**」（例**いかが・いかに・いかばかり** など）で始まる六文字くらいの語で、「どうして」のように訳せるものも疑問語です。

例　何を食は**まし**。（何を食べようかしら。）

3 仮想（実現不可能な希望）

「**～ならよかった**」と訳します。**1**・**2**以外で単独で用いていれば、おそらく仮想です。仮想がおかしければ**4**へ。

4 推量

単なる**推量**（～**だろう**）を表す場合もまれにありますが、文法問題で出題されるのは、ほとんど**1**か**2**の用法です。

「まし」は、**反実仮想**と**ためらいの意志**が見分けられるように、**1**・**2**をしっかり押さえておきましょう。

演習の解答 ➡ 別冊P.30

演習

1 「夢を取られざらましかば、大臣《おとど》までもなりなまし」の傍線部の意味として最も適当なものを、次から一つ選びなさい。

ⓐ 根拠・理由に基づく推定　ⓑ 過去に自ら経験したこと
ⓒ 反実仮想　ⓓ 伝聞推定　ⓔ 話者の希望

[ ]

2 次の傍線部の解釈として最も適当なものを、あとからそれぞれ一つずつ選びなさい。

① 杉むらならば訪ね来なまし
ⓐ 訪ねて来るにちがいないよ　ⓑ 訪ねて来たらいいのに
ⓒ 訪ねて来ることはないよ　ⓓ 訪ねて来ただろうに

② いかにせましとわびつれば、……
ⓐ どうしようかしら　ⓑ どうしようもない
ⓒ どうか許してほしい　ⓓ どれだけ肩身が狭いか

③ 気色見えましかば、かくもあくがらさざらまし。
ⓐ 様子が見えなければ、こんなふうに行方知れずなどにはさせなかったでしょうに。
ⓑ 様子が見えていたのだから、こんなふうに行方知れずなどにはさせないようにすればよかったでしょうに。
ⓒ 様子が見えていれば、こんなふうに行方知れずなどにはさせなかったでしょうに。
ⓓ 様子が見えていたけれど、こんなふうに行方知れずにさせるとは思わなかったでしょうに。

④ 今しばしあらましかば必ず搦《から》めてまし。
ⓐ もしもうしばらくいたならば、必ずひっ捕らえたであろうに。
ⓑ ちょっとした機会があれば、間違いなく捕えたいものだ。
ⓒ たびたびこのようなことがあるなら、確実に捕らえて縛っておくほうがましだ。
ⓓ しばらくの間だけでも捕らえておくことはできないに違いない。
ⓔ 今回はうまくいかなかったが、次はきっと捕らえてやろう。

① [ ]　② [ ]　③ [ ]　④ [ ]

✔ CHECK
22講で学んだこと

□ 反実仮想の訳は「もし～ならば…だろうに」
□ 反実仮想の公式が四つ言えるようになる
□ 疑問語～＋「まし」＝「ためらいの意志」

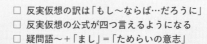

23講 「る・らる」

上や下のポイントを押さえる

▼ここからはじめる 「る・らる」にも四つの意味があり、全部重要です。上にポイントがあるもの、下にポイントがあるもの、それぞれのコツを押さえて、それをヒントに見分けましょう！

助動詞「る・らる」は次のように、活用も接続も同じでしたね。

る　活用 **下二段型**　接続 **未然形**

らる　活用 **下二段型**　接続 **未然形**

助動詞「る・らる」の違いは、「す・さす」同様、「る」は**四段・ナ変・ラ変**の未然形に、「らる」は**それ以外**の未然形に接続します。

つまり、「**a段＋る**」「**a段以外＋らる**」です。

「る・らる」には、次の四つの意味があります。

POINT 1 上や下の特徴を摑《つか》んで意味を判別しよう

1 受身

「～れる・られる」と訳します。受身の対象「～に」がある、もしくは、**なくても補える**場合が**受身**です。

例 人に誘は**る**。（人に誘われる。）

2 可能

「～できる」と訳し、平安時代では次の形で用います。

～る・らる＋打消《うちけし》（ず・じ・まじ・なし・で）

つまり、全体の訳は「**～できない**」と**不可能**になります。

例 やがて詠ま**れず**。（すぐに詠むことができない。）

※中世以降は、単独でも用いるので気をつけましょう。

3 自発

「**自然と～される・～せずにはいられない**」と訳します。**自**然**発**生ですね。次の形で用いられます。

心情語
知覚動詞｝＋る・らる

心情語は「**思ふ・笑ふ・泣く**」、**知覚動詞**は「**見る・聞く・知る**」など。これらにつく「る・らる」は**自発**になりやすいです。

例 面影を思ひ出で**らる**。（面影を自然と思い出す。）

4 尊敬

「～なさる」と訳します。1～3以外が尊敬です。**主語**は、**偉い人**である可能性が高いです。

例 左大臣、言は**る**。（左大臣が、言いなさる。）

補足 この形には要注意！

「る・らる」に**尊敬語**「**給ふ**」がついた「**れ給ふ・られ給ふ**」の「**れ・られ**」は、**尊敬にはならない**ので気をつけましょう！

れ（~~尊敬~~）**給ふ**／**られ**（~~尊敬~~）**給ふ**

特徴に気づけたら、該当する意味から訳して考えましょう。

演習の解答 ➡ 別冊P.31

演習

1 次の空欄に入る語句として最も適当なものを、あとから一つ選びなさい。

僧珍はやむごとなき学生にて、野干※に請《しゃう》ぜ［　］者なり。

※野干＝きつね　請ず＝招き入れる

ⓐ る　ⓑ らる　ⓒ るる
ⓓ らるる　ⓔ られる

［　］

2 「思はれて」の傍線部と文法的に同じものを、次から一つ選びなさい。

ⓐ 匠の作れるうつくしきうつは物も、……
ⓑ 恋しう思ひ出でらるる。
ⓒ 暮れ果つる空のけしきも、……
ⓓ いと思ひのほかなる人のいへれば、人々あやしがる。
ⓔ 筆をとれば物書かれ、楽器をとれば音をたてんと思ふ。

［　］

3 次の傍線部の意味として最も適当なものを、あとからそれぞれ一つずつ選びなさい（同じ記号を何度使ってもかまいません）。

① 心の中、推し量られて、あはれなり。
② 西の宮の大臣《おとど》流され給ふ。
③ ただ帰る波のみうちながめられて、……
④ 大納言、御祭には必ず神馬を奉る使ひを立てられし……
⑤ 文字も書かれずなりたり。
⑥ 飛ぶ鳥は翅《つばさ》を切り、籠《こ》に入れられて……
⑦ ほほ笑まれたまふこと多く、……

ⓐ 受身　ⓑ 可能　ⓒ 自発　ⓓ 尊敬

①［　］②［　］③［　］④［　］⑤［　］⑥［　］⑦［　］

✔CHECK 23講で学んだこと

□「a段＋る」「a段以外＋らる」
□「る・らる」＋打消＝「可能」
□ 心情語・知覚動詞＋「る・らる」＝「自発」

24講 時制がポイント！「けむ・らむ」

▼ここからはじめる 「けむ・らむ」の活用は、「む」の活用に「け・ら」をそれぞれつければOKでしたね。意味は、「共通する部分」と「大きな違い」を押さえて、二つセットで覚えましょう！

助動詞「**けむ**」と「**らむ**」の意味は、大きな違いもありますが、共通事項も四つあるので、一緒に学習するのがコツです。

けむ 活用 **四段型** 接続 **連用形**
らむ 活用 **四段型** 接続 **終止形**（ラ変型＝連体形）

「けむ」と「らむ」の大きな違いは**時制**です。「**けむ**」は**過去**で、「**らむ**」は**現在**。共通の意味に、時制をそれぞれつけ足します。

POINT 1 文末ならば見ているかどうかを確認しよう

1 推量

「〜だろう」と訳します。「けむ」は過去推量（〜**た**だろう）、「らむ」は現在推量（〜**いる**だろう）です。

文末で、**見ていない**場合が「**推量**」になりやすいです。

2 原因推量

「どうして〜だろう」と訳します。「けむ」は過去原因推量（どうして〜**た**のだろう）、「らむ」は現在原因推量（どうして〜**いる**のだろう）です。

文末で、**見ている**場合、もしくは、**疑問語**と一緒に用いている場合には「**原因推量**」になりやすいです。

ただし、「見ている」か「見ていない」かは、あくまで目安です。あてはめて訳してみて、おかしければ再考しましょう。

例 見渡せば山もとかすむ水無瀬川　夕べは秋となに思ひ**けむ**

（見渡すと山のふもとが霞《かす》んで水無瀬《みなせ》川が流れている。夕べは（趣があるのは）秋だとどうして思ったのだろう）

POINT 2 文中ならば「伝聞・婉曲《えんきょく》」

1 伝聞

「〜とかいう」と訳します。「けむ」は過去の伝聞（〜**た**とかいう）、「らむ」は現在の伝聞（〜**ている**とかいう）です。

文中で、**人から伝え聞いた文脈**の場合が「**伝聞**」です。

2 婉曲

「〜ような」と訳します。「けむ」は過去の婉曲（〜**た**ような）、「らむ」は現在の婉曲（〜**ている**ような）です。

文中で、**下が体言**の場合、「**婉曲**」になりやすいです。

1・2を合わせた「過去の伝聞婉曲」、「現在の伝聞婉曲」という選択肢の場合もあります。

時制に気をつけて、文末か文中かで大きく分けて考えましょう。選択肢の場合は、選択肢に合わせて臨機応変に対応してください。

演習の解答 ➡ 別冊P.33

演習

1 次の傍線部と文法的に同じものを、あとから一つ選びなさい。

あまた見しすがたの池の影なれば誰《たれ》ゆゑしぼる袂《たもと》なるらむ

ⓐ なかなかならむ。
ⓑ さもあらざらむ。
ⓒ 生けらむほどは武に誇らず。
ⓓ 住ませたてまつらむ。
ⓔ 罪や得らむ。

2 次の空欄①、②について、「らむ」「けむ」のどちらか文意に合うほうを選び、適当な形にしてそれぞれ答えなさい。

すは魚こそかかりたる［①］と思ひ、ひそかに釣り上げて……
昔胡《こ》の国に遣はし［②］女を思しやりて、……

3 次の傍線部の意味として最も適当なものを、あとからそれぞれ一つずつ選びなさい（同じ記号を何度使ってもかまいません）。

① 心のうち、さこそは悲しかりけめ。
② わが宿に咲ける藤波立ち返り過ぎがてにのみ人の見るらむ
③ 覆《おほ》ふばかりの袖求めけむ人よりは、いとかしこう思し寄りたまへりかし。
④ 門の上なども荒れて、人住むらむとも見えず。
⑤ 「何事思ひ給ふぞ。思すらむこと、何事ぞ」

ⓐ 過去推量　ⓑ 過去原因推量　ⓒ 過去の伝聞婉曲
ⓓ 現在推量　ⓔ 現在原因推量　ⓕ 現在の伝聞婉曲

✔ CHECK
24講で学んだこと

□【時制】「けむ」＝過去／「らむ」＝現在
□ 文末で「見ている」場合は「時制＋原因推量」
□ 文中の場合は「時制＋伝聞婉曲」

25講 主語や下を確認する「む・むず」「じ」

▼ここからはじめる 「む・むず」は、意味が五つ（六つ）あるので、苦手とする人が多い助動詞です。ですが、数に騙されないで！ コツさえつかめば、けっこう簡単に見分けられます！

助動詞「**む・むず**」は、共通する五つ（六つ）の意味を持っていますが、次の方法でサクッと判別できます！
「む」がわかれば「**じ**」は余裕です。
意味の判別法の前に、まずは「む・むず」の復習です。

む（＝ん） 活用 **四段型** 接続 **未然形**
むず（＝んず） 活用 **サ変型** 接続 **未然形**

POINT 1 文末ならば主語を確認しよう

1 一人称ならば意志
「～よう」と訳します。また、引用の「**と**」の上も（主語に関係なく）「**意志**」になりやすいです。

2 二人称ならば勧誘・適当
勧誘は「～しませんか」、**適当**は「～したほうがよい」と訳します。
選択肢が「勧誘」と「適当」に分かれている場合は、文脈判断が必要ですが、多くの場合は「勧誘適当」と一緒になっているか、どちらかしかありませんので安心してください。

3 三人称ならば推量
「～だろう」と訳します。「む・むず」は**未来**の推量です。

POINT 2 文中ならば下を確認しよう

1 下が体言ならば婉曲《えんきょく》
「～ような」と訳します。ただし、体言が省略される場合もあるので気をつけましょう。

2 下が体言以外ならば仮定
「もし～ならば」と訳します。

POINT 3 「じ」は主語を確認しよう

じ 活用 **無変化型** 接続 **未然形**
助動詞「**じ**」は「**む**」の**反対**。ただし、意味は「**打消《うちけし》意志**」（～ないつもりだ・～まい）と「**打消推量**」（～ないだろう）の二つ。

主語が**一人称⬇打消意志**、**それ以外⬇打消推量**です。

「む」と同じく、引用の「**と**」の上は**打消意志**になりやすいです。

判別法はあくまで目安なので、訳して確認することは大事ですが、これらを使って訳すと大体がスラっと通るので、知っていると便利です！

演習

1 「あれはとびすゑじとて張られたる」の傍線部の文法的説明として最も適当なものを、次から一つ選びなさい。

ⓐ 願望を表す終助詞
ⓑ 強意を表す終助詞
ⓒ 禁止を表す終助詞
ⓓ 推量を表す助動詞
ⓔ 打消の意志を表す助動詞

2 次の傍線部の意味を、それぞれ答えなさい。

① 海の面は、衾《ふすま》を張りたらむやうに光り満ちて、……
② みな帰りたまはむとするに、笠《かさ》も取りあへず。
③ 雅意に任せたる合戦、理を持ちながら負くることや侍らん。

3 「朝天より日晡《じつほ》にいたらざらむ一座は心にくくも侍らず」の傍線部と文法的意味・用法が同じものを、次から一つ選びなさい。

ⓐ いかにもあれ、たよりあらばやらむとておかれぬめり
ⓑ いづちいぬらむともしらず
ⓒ 世に仕ふるほどの人、たれか人一人ふるさとに残りをらむ
ⓓ それを取りて奉りたらむ人には、願はむことをかなへむ

4 「童開かじとすれども、男等あながちに責めて開かしむ」の傍線部と文法的意味・用法が同じものを、次から一つ選びなさい。

ⓐ 討ち奉らずとも、勝つべき戦に負くることもよもあらじ
ⓑ 御文にも、おろかにもてなし思ふまじと、戒め給へり
ⓒ 夜をこめて鳥の空音ははかるともよに逢坂《あふさか》の関はゆるさじ
ⓓ さらば、ただ心にまかす。われらは詠めとも言はじ

✔ CHECK 25講で学んだこと

□文中の「む」＝仮定・婉曲
□「と」の上の「む」「じ」は「意志」「打消意志」が多い
□「じ」：一人称＝打消意志／それ以外＝打消推量

26講 強い推量と強い打消を表す「べし」「まじ」

▼ここからはじめる 「べし」は意味がたくさんあり、文脈判断が一番重要という手ごわい助動詞です。「まじ」は「べし」を参考に考えましょう。「強い打消」のイメージです。

助動詞「**べし**」「**まじ**」には、それぞれ六つも意味があります。まずは「べし」から見ていきましょう。

べし 活用 **形容詞型** 接続 **終止形**（ラ変型＝連体形）

意味の判別には**文脈判断**が必要です。目安はありますが、訳して確認することが一番重要です。おかしければ、他の意味を再考しましょう。意味の問題でなければ、「べし」のまま読めばOKです。

POINT 1 文脈や形を押さえるもの

1 可能

「〜できる」と訳します。**打消**《うちけし》や**反語**（＝〜か、いや、〜**ない**）の文脈で用いる場合、**可能**になりやすいです。

2 適当

「〜したほうがよい」と訳します。「A〜Cの中でC」「（四季の中の）夏」など**比較・選択**の文脈で用いる場合、また、**主語**が**二人称**の場合も、**適当**になりやすいです。

3 命令

「〜せよ」と訳します。「**べき由**《よし》」の「**べき**」、また、**主語**が**二人称**や、**上の位の人が下の位の人に話しているセリフ中**の「べし」も**命令**になりやすいです。

POINT 2 主語を目安にするものや、そのままのもの

1 意志

「〜よう」と訳します。**主語**が**一人称**の場合、**意志**になりやすいです。

2 推量

「〜だろう」と訳します。**主語**が**三人称**の場合、**推量**になりやすいです。

3 当然

「〜はず・当然〜なければならない」と訳します。そのままですが、**当然そうだという文脈**で用います。

まじ 活用 **形容詞型** 接続 **終止形**（ラ変型＝連体形）

助動詞「**まじ**」は「**べし**」の**反対**で**不可能**（〜できない）、**不適当**（〜ないほうがよい）、**禁止**（〜するな）、**打消意志**（〜ないつもりだ）、**打消推量**（〜ないだろう）、**打消当然**（〜はずがない）です。意味の判別は「べし」を参考にしましょう。

「べし」と「まじ」は、**強い**推量と**強い**打消系のイメージです。

演習の解答 ➡ 別冊P.35

演習

1

次の傍線部の意味として最も適当なものを、あとからそれぞれ一つずつ選びなさい。

① 岩屋の内に泊《とま》りして住みつきぬべき心ちこそせね

② 「我、銅丸※を調《ととの》へ、殿に渡し申すべし」と思ひ……

※銅丸＝鎧《よろい》・兜《かぶと》からなる武具。

③ 「早くまかり出づべきよし仰せよ」

④ 潮満ちぬ。風も吹きぬべし。

⑤ （作文の舟・管弦の舟・和歌の舟の中で）「作文のにぞ乗るべかりける。」

⑥ 人の歌の返し、とく※すべきを、え詠み得ぬほども心もとなし。

※とく＝早く。

ⓐ 推量　ⓑ 意志　ⓒ 可能
ⓓ 当然　ⓔ 命令　ⓕ 適当

①　②　③　④　⑤　⑥

2

次の空欄①～④について、「べし」「まじ」のどちらか文意に合うほうを選び、適当な形にしてそれぞれ答えなさい。

すべて「侍る」といふ詞《ことば》は、つかふべき文と、つかふまじき文と有り。みだりにはいふ［①］なり※。其《その》故は、これは人に対して、敬ひていふ語の内の、己がうへにつきたる事に添へていふ詞なり。されば人のもとにいひやる文などには、いくらも書く［②］。重なるをいとふ※［③］ず。さもあらぬただの文章には、一つもかく［④］に※あらず。

※なり＝断定の助動詞。　いとふ＝嫌がる。
に＝断定の助動詞。

①　②　③　④

✔ CHECK 26講で学んだこと

□ 打消の文脈の「べし」＝「可能」が多い
□ 比較・選択の文脈の「べし」＝「適当」が多い
□ 「べき由」の「べき」＝「命令」が多い

27講 正反対の意味がある「ぬ・ね」の識別

▼ここからはじめる

「知らぬ存ぜぬ」は「知らない」ということで、この「ぬ」は打消。ですが、助動詞「ぬ」は完了だったはず!? 「した」と「しない」は大違い！ 確実に判別できるようにしましょう。

打消「ず」と完了「ぬ」の接続と活用表の復習です。

意味	接続	基本形	未然形	連用形	終止形	連体形	已然《いぜん》形	命令形
打消	未然形	ず	ず ざら	ず ざり	ず ○	ぬ ざる	ね ざれ	○ ざれ
完了	連用形	ぬ	な	に	ぬ	ぬる	ぬれ	ね

「ぬ」と「ね」の文字が、両方に用いられていることがわかりますね。どちらなのか判別（＝識別）できるようにしましょう。

POINT 1 上や下を確認しよう

1 上（＝接続）からの判別法

❶ 未然形＋ぬ・ね…打消

例 知らぬ人（知らない人）

❷ 連用形＋ぬ・ね…完了

例 知りぬ。（知った。）

❸ 係助詞「ぞ・なむ・や・か」～ぬ…連体形⇩打消

例 思ひぞ尽きぬ。（気持ちは尽きない。）

❹ 係助詞「こそ」～ね…已然形⇩打消

例 思ひこそ尽きね。（気持ちは尽きない。）

2 下（＝活用形）からの判別法

❶ ぬ＋連体形接続の語（体言／断定「なり」など）
＝連体形⇩打消 例 逃げぬ人……（逃げない人……）

❷ ぬ＋文末・終止形接続の語（らむ／らし など）
＝終止形⇩完了 例 逃げぬめり。（逃げたようだ。）

❸ ね＋已然形接続の語（ば・ど・ども）
＝已然形⇩打消 例 起きねども……（起きないが……）

❹ ね＋文末・命令形接続の語（かし など）
＝命令形⇩完了 例 とく起きね。（早く起きてしまえ。）

POINT 2 助動詞以外の「ぬ・ね」も把握しよう

❶ 死・往・去＋ぬ・ね…ナ変動詞の一部

❷ 「寝る」と訳せたら…ナ行下二段動詞「寝《ぬ》」（の一部）

「ぬ・ね」があれば、正しく読解するために、問題になっていなくても何なのかを必ず意識しましょう。

演習の解答 ➡ 別冊P.37

演習

1 次の傍線部の文法的説明として最も適当なものを、あとからそれぞれ一つずつ選びなさい（同じ記号を何度使ってもかまいません）。

① 本意ならぬやうに覚えて……
② 「今は帰りね」と言ひければ……
③ 春来ぬと人はいへども……
④ 独りやぬらん……
⑤ 商人心得ぬことと思ひながら……
⑥ 花も散りほととぎすさへ往ぬるまで……
⑦ 何とも聞こえねども……

ⓐ 打消の助動詞　ⓑ 完了の助動詞
ⓒ ナ変動詞の一部　ⓓ ナ行下二段動詞「寝」

①　②　③　④　⑤　⑥　⑦

2 次の傍線部の助動詞のうち、意味用法が異なるものを一つ選びなさい。

ⓐ かくて今年も暮れぬ。
ⓑ など祇王《ぎわう》は返事はせぬぞ。
ⓒ 今にはじめぬ事ぞかし。
ⓓ 召さんに参らねばとて、……
ⓔ ならはぬひなの住まひこそ、……

3 「宿とやは見ぬ」の傍線部と文法的に同じものを、次から一つ選びなさい。

ⓐ 妹《いも》とぬる夜のまどほなるかな
ⓑ わが身は今ぞ消えはてぬめる
ⓒ 思へども身をし分けねば目離《めか》れせぬ……
ⓓ かかるをりにや人は死ぬらむ

✔ CHECK 27講で学んだこと

□ 未然形＋「ぬ・ね」＝「打消」
□ 連用形＋「ぬ・ね」＝「完了」
□ 「ねば・ねど・ねども・こそ〜ね」の「ね」＝「打消」

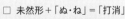

28講 パッと見で即できる超簡単識別法！「る・れ」の識別

▼ここからはじめる

「和歌を詠める」とあれば、現代だと「和歌を詠むことができるんだ」って思いますよね。ですが、古文だと「和歌を詠んだ」という解釈になります。「ナゼ!?」は、即解決！

助動詞「る」と助動詞「り」の接続と活用表の復習です。

意味	接続	基本	未然	連用	終止	連体	已然	命令
受身・尊敬 可能・自発	四段・ナ変・ラ変の未然形	る	れ	れ	る	るる	るれ	れよ
完了・存続	サ変の未然形 四段の已然形	り	ら	り	り	る	れ	れ

「る」と「れ」の文字が、両方に用いられていることがわかりますね。接続で判別できますが、さらに、その接続を利用した上の音によって、一瞬で判別することができるのです。

POINT 1 「る・れ」があれば上の音を確認しよう

1 動詞a段＋る・れ＝助動詞「る」

例 ものも言はれず（ものも言うことができない）
動詞　可能「る」

受身・尊敬・可能・自発の助動詞「る」は、**四段・ナ変・ラ変の未然形**（「**a・な・ら**」）に接続しました。つまり、助動詞「る」の上は**必ず動詞**で、最後が**a段**です。

2 動詞e段＋る・れ＝助動詞「り」

例 さだかに記せる物なし（はっきり記したものがない）
動詞　完了「り」

完了・存続の助動詞「り」は、**サ変の未然形**か**四段の已然《いぜん》形**（「**せ・e**」）に接続しました。つまり、助動詞「り」の上は**必ず動詞**で、最後が**e段**です。

3 動詞u段＋る・れ＝上からの語

例 年月おくる間に……
u　「送る」の活用語尾

u段についている「**る・れ**」は**上からの語**です。どこから一語かは品詞分解をして考えましょう。

1・2は音だけに飛びついてしまうと、たとえば、助動詞「たり」「けり」の一部（「た**る**」「け**れ**」）などにひっかかる場合もあるので、「〜a」や「〜e」が**動詞かどうか**必ず確認しましょう。

演習

1 次の傍線部の説明として最も適当なものを、あとからそれぞれ一つずつ選びなさい（同じ記号を何度使ってもかまいません）。

① 波に引かれて入りぬべかりけり。
② この人、教ふるほどに……
③ 頼盛卿《よりもりきょう》、このよしを申されけり。
④ 歌よみありけるが……
⑤ 貴く覚えて、ほろほろ泣かる。
⑥ 匠《たくみ》の作れるうつくしきうつは物も……
⑦ 「それをご覧ぜよ」と申したれば……

ⓐ 受身　ⓑ 尊敬　ⓒ 自発　ⓓ 完了
ⓔ 完了の一部　ⓕ 過去の一部　ⓖ 動詞の一部

① ② ③ ④ ⑤ ⑥ ⑦

2 「霧のかかれる風情を……」の傍線部と文法的に同じ意味・用法のものを、次から一つ選びなさい。

ⓐ この岩根の松も、こまかに見れば……
ⓑ 人々のこなたに集ひたまへるついでに、……
ⓒ うちそへて涙ぐまるるをりをりあり。
ⓓ いとうつくしう思ひやらる。

3 「詠めるならば」の現代語訳として最も適当なものを、次から一つ選びなさい。

ⓐ 詠んだのであるならば
ⓑ お詠みになるならば
ⓒ 詠むことができたならば
ⓓ 詠めるのであれば

✔ CHECK 28講で学んだこと

□ 動詞のａ段＋「る・れ」＝助動詞「る」
□ 動詞のｅ段＋「る・れ」＝助動詞「り」
□ ｕ段＋「る・れ」＝上からの語

29講 上の音を確認する 「らむ」の識別

▼ここからはじめる 「らむ」が問われたら、まずは上の音をチェックしましょう。ただし、ひっかけの形もあるので要注意！ 音を目安に、他の特徴もパッと確認し、ミスを防ぎましょう。

「らむ」とあれば、大きく三種類に分けます。

POINT 1 「らむ」があれば上の音を確認しよう

1 u段＋らむ＝助動詞「らむ」

例 月を見るらむ（月を見ているだろう）
（見る：終止形／らむ：現在推量「らむ」）

現在推量の助動詞「らむ」は、**終止形**（u段）か**ラ変型の連体形**（〜**る**）に接続するので、**助動詞「らむ」**の上は**u段**です（「る」が「ん」に変わる撥音便《はつおんびん》などは除く）。

ただし、左記のようなひっかけもあるので気をつけましょう。

例 文をたてまつらむ。（手紙を差し上げよう）
（~~終止形~~　~~助動詞「らむ」~~）
「奉《たてまつ》る」の未然形「たてまつら」＋助動詞「む」

2 e段＋らむ＝助動詞「り」の未然形＋助動詞「む」

例 立てらむことの（立ったようなことが）
（立て：動詞／ら：完了「り」＋む：推量（婉曲）「む」）

前回学習したように、完了の助動詞「り」の上は**必ず動詞**で、最後が**e段**です。よって、**動詞のe段**＋「**らむ**」は、**助動詞「り」**の未然形「ら」＋**助動詞「む」**です。

左記は、「e段＋らむ」でよくあるひっかけです。

例 休みはべらむ（休みましょう）
「侍《はべ》り」の未然形「はべら」＋助動詞「む」

3 a段＋らむ＝上からの語＋助動詞「む」

例 ただ美しからむ姫君（ただかわいいような姫君）
（から：a）
形容詞「美し」の未然形「美しから」＋助動詞「む」

a段についている「**らむ**」は、**上からの語＋助動詞「む」**です。どこから一語かは品詞分解をして考えましょう。ただし、a段以外もあるので、1・2以外なら3から考えてみてください。

上の音はあくまで目安にして、「たてまつらむ」や「はべらむ」などにひっかからないように気をつけましょう。

演習の解答 ➡ 別冊P.40

演習

1 次の傍線部の中で他と文法的用法の異なるものを、一つ選びなさい。

ⓐ 柴《しば》のほどにぞ等しかるらむと見えたり。
ⓑ 比叡《ひえ》の山、二十ばかり重ねたらむやうなり。
ⓒ あまりにやあるらむ、……
ⓓ 比叡の山三つ四つばかりはあるらむかし。

2 「あはせ給《たま》へらむに」の傍線部の文法的説明として最も適当なものを、次から一つ選びなさい。

ⓐ 現在推量の助動詞「らむ」の終止形
ⓑ 現在推量の助動詞「らむ」の連体形
ⓒ ラ行四段動詞の未然形＋推量の助動詞「む」の連体形
ⓓ 完了の助動詞「り」の未然形＋推量の助動詞「む」の連体形

---

3 次の傍線部の文法的説明として最も適当なものを、あとからそれぞれ一つずつ選びなさい。

① 御覧ずることもはべらむ。
② 渡らせ給はむずらむと思ひて……

ⓐ 助動詞「らむ」　ⓑ 助動詞「り」＋助動詞「む」
ⓒ ラ変動詞の一部＋助動詞「む」

①
②

4 「たゆみなからむもことわりなりや」の傍線部と文法的に同じものを、次から一つ選びなさい。

ⓐ むげに男のまじらざらむこそ、人わろけれ
ⓑ 南殿の桜は盛りになりぬらむかし
ⓒ とどまらむをだに、強ひてそのかし出だしてむ
ⓓ その馬、よしなからむ人に請ひ取られなむとす
ⓔ かねて用意したらむには、それに優《まさ》ること何事かなからむ

✔ CHECK
29講で学んだこと

□ u段＋「らむ」＝助動詞「らむ」
□ e段＋「らむ」＝助動詞「り」＋助動詞「む」
□ a段＋「らむ」＝上からの語＋助動詞「む」

30講 「せ」の識別

上の音、下の文字、訳して確認

▼ここからはじめる　「せ」で一語の場合は、識別対象は三つ。そのうちの二つの助動詞は、上下を確認すると判別可能です。そうでなければサ変のはずなので、「する」と訳せるか確認しましょう。

「せ」で一語ならば、次の三つの可能性があります。

意味	接続	基本形	未然	連用	終止	連体	已然	命令
使役 尊敬	四段・ナ変 ラ変の未然形	助動詞「す」	せ	せ	す	する	すれ	せよ
過去	連用形	き	せ	○	き	し	しか	○
する	活用語なら連用形	サ変「す」	せ	し	す	する	すれ	せよ

POINT 1 上の音や下の文字を確認しよう

1 動詞a段＋せ＝助動詞「す」

例　盗ま**せ**てけり。（盗ませた。）
動詞　使役「す」

使役・尊敬の助動詞「す」は、**四段・ナ変・ラ変動詞の未然形**（「**a・な・ら**」）に接続しました。つまり、助動詞「す」の上は**必ず動詞**で、最後が**a段**です。

2 連用形＋せば（…まし）＝助動詞「き」の未然形「せ」

例　その人の後と言はれぬ身なり**せ**ば今宵の歌をまづぞよまま**し**
連用形　過去「き」

（その人（＝有名な歌人）の子だと言われない自分であった**ならば**、今宵の歌をまず自分が詠ん**だろうに**）

過去の助動詞「き」の未然形「**せ**」は、反実仮想の公式「〜**せば…まし**」の形でしか使用されません。よって、下が「ば」かどうかが目安となります。「(連用形＋)**せば**(…まし)」の「**せ**」が過去「き」です。ただし、**訳**は**反実仮想**なので気をつけましょう。

3 「する」と訳せる「せ」＝サ変動詞「す」

「する」（もしくは「し（ない）」）と訳せる「**せ**」は**サ変**です。

例　留めも**せ**ず……（留めもしないで）
サ変「す」

「せ」で一語の場合、上が動詞でa段なら**1**、下が「ば」なら**2**、それ以外は**3**で「する」と訳せます。これらにあてはまらなければ、上からの語などで、「せ」で一語ではないものです。

演習の解答 ➡ 別冊P.41

演習

1

「小法師に持たせてぞ入りける。」の傍線部と文法的に同じものを、次から一つ選びなさい。

ⓐ かのうれへせし工匠《たくみ》をば、かぐや姫呼び据ゑて……
ⓑ 夜の御殿に入らせ給ひても、まどろませ給ふことかたし。
ⓒ 足軽をつかはして、柵を切り落とさせ給へ。
ⓓ 十三日にあらたなるしるし見せむ。
ⓔ 都人の労あるなりせば、かくては侍らましや。

（解答欄）

2

次の傍線部の文法的説明として最も適当なものを、あとからそれぞれ一つずつ選びなさい（同じ記号を何度使ってもかまいません）。

① いかにせむ。
② 折々は渡らせ給ひ、御けしきなど御覧じたり。
③ かしこき占方《うらかた》の人に物問はせ、……
④ 匂はざりせばいかで知らまし
⑤ 念仏など勧めさせむとしける……
⑥ 形見にせむ。
⑦ 案を書きて、書かせて遣《や》りけり。
⑧ 多くの人に顔を見せて、……

ⓐ 使役の助動詞「す」
ⓑ 尊敬の助動詞「す」
ⓒ 使役の助動詞「さす」の一部
ⓓ 尊敬の助動詞「さす」の一部
ⓔ 過去の助動詞「き」
ⓕ サ行変格活用
ⓖ サ行下二段活用動詞の一部

①	②	③	④

⑤	⑥	⑦	⑧

✔CHECK 30講で学んだこと

□ 動詞のａ段＋「せ」＝助動詞「す」
□ 「連用形＋せば…まし」の「せ」＝助動詞「き」
□ 「する」と訳せる「せ」＝サ変

31講 上を確認する「なり」の識別 基本編

▼ここからはじめる　上の文字だけで、ある程度絞れるのも「なり」のオイシイところです。他にも、上の品詞や活用形、訳し方などのポイントも押さえて、確実に得点できるようにしましょう！

「なり」は識別対象が四つもありますが、すべて学習済みなので安心して見ていきましょう！

POINT 1 「なり」があれば上を確認しよう

1 体言・連体形＋なり＝断定・存在の助動詞

場所（方角）につく「**なり**」ならば**存在**、**それ以外の体言・連体形**につく「**なり**」ならば**断定**です。

例　北《場所》**なる**寺に……（北にある寺に……）
存在

例　あてなる人《体言》**なり**。（高貴な人である。）
断定

断定は、他に**副詞**や**助詞**に接続する場合もありましたね（↓**21講**）。

2 終止形＋なり＝伝聞推定の助動詞

※「ラ変型の連体形」の場合は、32講で詳細を学習します。

例　姫君おはす《終止形》**なり**。（姫君がいらっしゃるそうだ）
伝聞

3 様子・状態＋なり＝形容動詞の活用語尾

「なり」の上の文字が「**か**」「**げ**」「**ら**」の場合が多いのが特徴です。それ以外もあるので、**様子・状態**が見分け方の基本。「か」「げ」「ら」の場合も、もう少し上から見て、様子・状態になっているか一応確認しましょう。「か」「げ」「ら」を知っていると目安になり、とても便利です。

例　をかしげ《様子》**なら**む。（いかにも趣があるだろう。）
形容動詞「をかしげなり」の活用語尾

4「なる」と訳せる＝ラ行四段活用動詞「なる」

「なり」の上の文字が「**ず**」「**と**」「**に**」「**く**」「**う**」の場合が多いのが特徴です（「う」は「く」に変えてみてOKかどうか確認しましょう）。それ以外もあるので、「**なる**」と訳せるのが見分け方の基本です。

例　暗う**なり**て……↓暗く《OK》**なり**て……
動詞「なる」

「暗く**なる**」と訳せますね。したがって、**動詞**です。

「なり」があれば、上の形や文字などを目安に識別しましょう。

演習

1

次の傍線部の文法的説明として最も適当なものを、あとからそれぞれ一つずつ選びなさい（同じ記号を何度使ってもかまいません）。

① 気色いと苦しげなり。
② 箱なる文を見たまひて、……
③ 年は五十余になりぬる……
④ いささかのことなり。
⑤ 門《かど》広くもなりはべる。
⑥ 仙人などもかくこそすなれ。
⑦ 行ひにまゐりてはべりつるなり。
⑧ 御前なる苦しきもの取《と》り遣《や》り、……
⑨ 昔、あてなる男ありけり。

ⓐ 断定を表す助動詞
ⓑ 存在を表す助動詞
ⓒ 伝聞を表す助動詞
ⓓ 形容動詞の活用語尾
ⓔ 四段活用動詞

①	⑤	⑨
②	⑥	
③	⑦	
④	⑧	

2

次の傍線部のうち、伝聞の助動詞を一つ選びなさい。

ⓐ はかなくあはれなりける契り……
ⓑ 昔も今もただのどかなる限りある別れ……
ⓒ さすが思ひなれにしことのみ……
ⓓ 涙に余る思ひのみなるも……
ⓔ 救ふなる誓ひ頼みて……
ⓕ 昔の跡は涙のかかるならひなるを、……

✔ CHECK 31講で学んだこと

- □ 体言・連体形＋「なり」＝断定・存在の助動詞
- □ 終止形＋「なり」＝伝聞推定の助動詞
- □ 様子・状態＋「なり」＝形容動詞の活用語尾
- □「なる」と訳せる「なり」＝ラ行四段活用動詞

32講 「なり」の識別 応用編

ラ変型の連体形につく「なり」の識別法

▼ここからはじめる 連体形＋なり＝断定でしたね。ですが、終止形接続の助動詞は、ラ変型の場合は連体形に接続するので、ラ変型の連体形＋「なり」は断定？　伝聞推定？　どちらなのでしょうか!?

31講で「なり」の識別（基本編）を学習しましたが、**31講**の知識だけでは困ってしまう「なり」があります。たとえば、次の「なり」を考えてみましょう。

問　故《ゆゑ》ある**なり**。（ある：ラ変・連体形）　**断定** or **伝聞推定?**

解　上の「ある」は、**ラ変**動詞「あり」の**連体形**です。**連体形**に接続する「なり」＝**断定**です。ただし、**終止形接続**の助動詞は、**ラ変型の場合は連体形**に接続するので、この「なり」は**伝聞推定**の可能性もあるのです。

この場合は、文脈判断をするしかありません。「故（理由）」があることがわかっている文脈なら「理由があるの**である**」と**断定**になり、何か理由があることを人から聞いたり、ただの推測の文脈なら「理由がある**そうだ**（ある**ようだ**）」と**伝聞推定**になります。

文脈判断をするためには、文法や単語、読解方法などの学習も必要なので、ここではこれ以上扱いませんが、このように文脈判断が必要な「なり」があることも把握しておきましょう。

ただし、「ある**なり**」が「あん**なり**」になっていれば、その「**なり**」は即どちらか判断できるのです。さっそく確認しましょう。

POINT 1 ん＋なり＝伝聞推定

ラ変型の連体形の「**撥音便**《はつおんびん》」（＝ん）か「**撥音便無表記**」（＝「ん」が省略されたもの）に接続している「**なり**」は、**伝聞推定**です！

故あん**なり**。（あん：ラ変型連体形撥音便／なり：伝聞推定）　／　故あ**なり**。（あ：ラ変型連体形撥音便無表記／なり：伝聞推定）

他のラ変型連体形撥音便の形も見ておきましょう。

あ・か※・ざ・た・な ＋（ん）**なり**　＝　**伝聞推定**

※様子・状態ではない「～か＋なり」が伝聞推定

たとえば、「**ざ**んなり」は「**ざるなり**」の**撥音便**。「**ざなり**」の「**ざ**」が問われたら、「**なり**」の上に「**る**」を入れると本来の形「**ざるなり**」に戻ります。**打消**「ず」の連体形「**ざる**」です。

「体言・連体形＋**なり**」の「**な**」も、本来は「**なるなり**」で断定「なり」の連体形「**なる**」です（「体言・連体形＋**なめり**」も「**なるめり**」の撥音便無表記で、「**なめり**」の「**な**」も**断定**）。

これらの「なり」は入試でも頻出です。得点源にしてください。

勉強の疑問・不安、解決します！

いぶき社お客様ご相談室

Q1 自分に合う参考書の見つけ方を教えてください。

Q2 勉強のやる気を出すにはどうすればいいですか？

ガクサン GAKU-SAN あらすじ

参考書出版社「いぶき社」に中途入社した茅野《かやの》うしが配属されたのは、偏屈参考書オタク・福山《ふくやま》と二人きりの部署「お客様ご相談係」で…？　読めば参考書の最前線がわかる!?　凸凹お仕事コメディ!!

➡第1話はこちらから

演習

1 「十一巻あなり。」の傍線部は音便形ですが、本来の形として最も適当なものを、次から一つ選びなさい。

ⓐ あらなり　ⓑ ありなり　ⓒ あるなり
ⓓ あれなり　ⓔ あらむなり

2 次のⓐ～ⓕの傍線部のうち、文法的に他と異なるものを一つ選びなさい。

ⓐ 道も恐ろしかんなるを、いづくにか泊まるべき。
ⓑ 難きことにこそあなれ。
ⓒ おのればかりの人もあらざんなれど、……
ⓓ いとしめやかなり。
ⓔ くちをしからざなり。
ⓕ 花の衣になりぬなり。

3 「知らせたまはざなれば……」の傍線部「ざ」について、文法的に説明しなさい。

4 「官爵も得ること難くこそあ①なれ。われこそさるべき人②なれ、など……」の傍線部①・②について、その文法的説明の組み合わせとして最も適当なものを、次から一つ選びなさい。

ⓐ ① 伝聞推定「なり」已然《いぜん》形
　② 断定「なり」連体形
ⓑ ① 伝聞推定「なり」已然形
　② 伝聞推定「なり」連体形
ⓒ ① 断定「なり」終止形
　② 断定「なり」未然形
ⓓ ① 断定「なり」已然形
　② 伝聞推定「なり」未然形
ⓔ ① 伝聞推定「なり」終止形
　② 断定「なり」連体形

✔ CHECK
32講で学んだこと

- □ ラ変型連体形＋「なり」＝文脈判断
- □ ラ変型連体形撥音便（＝ん）＋「なり」＝伝聞推定
- □ ～あ・か・ざ・た・な＋「なり」＝伝聞推定

33講 現代語訳問題の鍵になりやすい！ 接続助詞[1]（「ば」「とも」「ど・ども」）

▼ここからはじめる 文と文をつなぐ接続助詞。ポイントは、「働き」と「接続」です。現代語訳や解釈問題に接続助詞が含まれていたら、そこから選択肢を絞れたり、正答を導けたりすることも！

接続助詞の「働き」とは、**順接**や**逆接**などです。「順接」は、前の内容が後ろの「原因や理由」などになるもの（例～ので）、「逆接」は、前の内容から予想外の展開になるものです（例～けど）。また、**仮定条件**か**確定条件**かにも注意しましょう。

POINT 1 「ば」は上の形（＝接続）をすぐに確認しよう

「ば」は順接。接続は**未然形**と**已然形**《いぜん》があり、**条件**が違います。

❶ **未然形＋ば…順接仮定条件➡「もし～ならば」**

例 京に上りて受戒遂げんとの心あら《未然形》**ば**、送らん。
（京に上って受戒を遂げようという心があるならば、送ろう。）

❷ **已然形＋ば…順接確定条件**

原因・理由 「～ので・～から」
➡ 偶然 「～ところ・～と」
恒常 「～といつも・～と必ず」

※三つのどれかは、文脈判断が必要。

例 暗くなりぬれ《已然形》**ば**、参らぬなり。
（暗くなったので、参上しないのである。）

例 やをら見れ《已然形》**ば**、えもいはず大きなる蛇なりけり。
（そっと見ると、言葉にできないほど大きな蛇であるよ。）

例 疑ひながらも念仏すれ《已然形》**ば**、往生す。
（疑いながらでも念仏すると必ず、往生する。）

POINT 2 「とも」「ど・ども」は逆接

「とも」と「ど・ども」は**逆接**ですが、**接続**と**条件**が違います。違いを意識して覚えましょう。

❶ **終止形＋とも…逆接仮定条件➡「たとえ～としても」**

例 罪あり《終止形》**とも**、この人々をば許すべきなり。
（たとえ罪があったとしても、この人々を許すべきである。）

❷ **已然形＋ど・ども…逆接確定条件➡「～が・～のに・～けど」**

例 たびたび問へ《已然形》**ど**、いらへもなし。
（何度も問うが、返事もない。）

例 そのこと知れ《已然形》**ども**、「知らず」と言ふ。
（そのことを知っているのに、「知らない」と言う。）

それぞれ「接続・働き・条件」をしっかり押さえましょう。

演習

1 「良くも悪しくも□ど」の空欄に入る「聞こゆ」の活用形として最も適当なものを、次から一つ選びなさい。

ⓐ 聞こえ
ⓑ 聞こゆ
ⓒ 聞こゆる
ⓓ 聞こゆれ

2 「継母、むくつけなる人にてあれば、心あはせたりと思ひて、神仏に呪ひたまはん。」の傍線部の現代語訳として最も適当なものを、次から一つ選びなさい。

ⓐ 劣等感にさいなまれている人ではあるが、
ⓑ 冷たい薄情な人であるならば、
ⓒ 先を見通す力のある人であるならば、
ⓓ 恐ろしく性悪な人であるので、

3 「たとひよく喰《く》ふとも、二つ三つにや過ぐべき」の意味として最も適当なものを、次から一つ選びなさい。

ⓐ もしたくさん食べる人ならば、二つ三つ以上食べてもよいのだろうか。
ⓑ たとえたくさん食べても、二つ三つ以上食べるはずはない。
ⓒ 仮にたくさん食べる人でなければ、二つ三つ以上食べることはできまい。
ⓓ 例えていえば、たくさん食べる人たちが、二つ三つで足りるはずはない。
ⓔ たくさん食べたが、二つ三つ以上食べてはいけなかった。

4 「はかなき傷も打ち付けられなば、よしなし。」の解釈として最も適当なものを、次から一つ選びなさい。

ⓐ 命取りになるほど傷つけられたとしても仕方がない。
ⓑ すぐ消えるような傷なので、とがめる理由はない。
ⓒ あっけなく傷を負ってしまったので恥ずかしい。
ⓓ 誤って重傷を負わせてしまったが、仕方がなかった。
ⓔ ちょっとした傷でもつけられたら、つまらない。

✔ CHECK
33講で学んだこと

- □ 未然形＋ば＝順接仮定条件
- □ 已然形＋ば＝順接確定条件
- □ 終止形＋とも＝逆接仮定条件
- □ 已然形＋ど・ども＝逆接確定条件

34講 現代語と違う訳し方をする接続助詞
接続助詞2（その他）

▼ここからはじめる　現代と同じ働きで使用するものは、特に覚える必要はありませんよね。現代にはないものや、現代とは違う働きをするものを中心に押さえていきましょう。

現代語とは訳し方が違う接続助詞に気をつけましょう。

POINT 1 「接続」と「訳し方」をきちんと押さえよう

1 で

❶ **未然形＋で**…**打消《うちけし》接続**⬇「**〜ないで**」

「で」の語源は「**ず＋て**」と言われています。よって、接続は「**ず**」と同じく**未然形**です。**打消**も同じですね。

例 食ひ物も食は《未然形》**で**、ただうろうろと尋ぬるけしきにて……

（食べ物も食べないで、ただうろうろと探す様子で……）

2 つつ

❶ **連用形＋つつ**…**反復**／**継続**⬇「**〜ては**／**〜し続けて**」

現代と同じく「同時（〜ながら）」もありますが、現代にはない**反復・継続**の用法をきちんと覚えましょう。

例 そら嘆きをうちし《連用形》**つつ**、なほ装束《さうぞく》して……

（わざとため息をついては、それでも衣装を整えて……）

例 浪《なみ》荒れ《連用形》**つつ**、海の底にも入りぬべく……

（波が荒れ続けて、海の底にも沈んでしまいそうになり……）

3 ながら

現代と同じく「逆接」や「同時」もありますが、現代にはない次の二つが重要です。

❶ **体言＋ながら**…**全体・総数**⬇「**〜全部・〜とも・〜中**」

例 この得たる衣を、二つ《体言》**ながら**取らせて……

（この得た衣装を、二つとも与えて……）

❷ 体言・連用形など＋**ながら**…**動作・状態の継続**⬇「**〜のまま**」

例 立ち《連用形》**ながら**などものして、「いかにぞ」などもある。

（立ったまま見舞って、「どうだ」などと言うこともある。）

4 ものの・ものを・ものから・ものゆゑ

❶ **連体形＋「もの〜」**グループ…**逆接確定条件**⬇「**〜のに**」

「ものの」以外は順接もありますが、**まずは逆接から考える**のがコツです。

例 道なき《連体形》**ものから**、参らん。（道はないが、参上しよう。）

赤字や**太字**を中心に、現代とギャップがある用法をきちんと把握しておきましょう。

演習

1 「御心にも入らせ給《たま》はで、かの女のかたをしきりに御覧ずれば……」の傍線部の文法的説明として最も適当なものを、次から一つ選びなさい。

ⓐ 動詞の活用語尾　ⓑ 打消の助動詞
ⓒ 打消の接続助詞　ⓓ 順接の接続助詞

□

2 「渡らせたまひつつ、描きかよはさせたまふ。」の傍線部を、別の言葉で表現したものとして最も適当なものを、次の傍線部から一つ選びなさい。

ⓐ 言の葉を書きつづけて、
ⓑ 御心移りて、
ⓒ このついでにぞ、
ⓓ あながちに隠して、

□

3 「心はすすめどもはかも行かで」の現代語訳として最も適当なものを、次から一つ選びなさい。

ⓐ 心がすすめるとしても、少しも行かないで
ⓑ 気ははやるけれども、若君も行くので
ⓒ 気持ちははやるが、道のりははかどらないで
ⓓ 心はすすめるが、はかなくも行けないから

□

4 「行末の心ぼそさはやるかたなきものから、はかなき物語などにつけて、うち語らふ人、おなじ心なるは、あはれに書きかはし……」の傍線部と同じ働きをする助詞を、次から一つ選びなさい。

ⓐ のみ　ⓑ とも
ⓒ ども　ⓓ へ

□

✔ CHECK 34講で学んだこと

- □ 未然形＋で＝打消接続
- □ 連用形＋つつ＝反復／継続
- □ ながら＝全体・総数／動作・状態の継続
- □ 「もの〜」グループ＝逆接確定条件

35講 疑問か反語かをきちんと判断しよう

係助詞①（意味／反語になりやすい形）

▼ここからはじめる 疑問は「〜か（？）」です。反語は「〜か、いや、〜ない」、もしくは「〜ないか、いや、〜だ」です。自分で聞いて、自分でひっくり返す「一人ボケつっこみ」ですね。

「係り結びの法則」でおなじみの係助詞ですが、**「ぞ・なむ・や・か・こそ」**だけではなく、「これ**は**〜」や「これ**も**〜」などの「**は・も**」も**係助詞**です。「は・も」は文末の形で結ぶ＝通常通りですから、係り結びの法則にはカウントされません。

ちなみに、「は」は提示、「も」は並立・付け加えなどの意味ですが、現代でも使用しているので、とりたてて覚える必要はありません。

「は・も＝係助詞」ということだけ、しっかり押さえましょう。それでは、「は・も」以外の意味を確認していきましょう。

POINT 1 「ぞ・なむ・こそ」は無視してOK

「ぞ・なむ・こそ」は**強意**の働きで、**「無視して普通に訳す」**のです。よって、「ぞ・なむ・こそ」は消して、**已然形《いぜん》➡終止形**に戻し、普通に訳しましょう。

例 いらへ《返事》**こそ**《強意》のたまは《おっしゃる》ざら**め**。〈め➡む〉（返事をおっしゃらないだろう。）

POINT 2 「や・か」は要注意。反語の形を押さえよう

「や・か」は**疑問**か**反語**です。**疑問**（＝〜**か**）と**反語**（＝〜**か、いや、〜ない**）は全然違うので、問題になっていなくても判別する必要があります。基本的には文脈判断ですが、反語になりやすい形が三つあるので、それらを押さえておきましょう。

❶ **「やは・かは」**

まれに疑問の場合もあります。反語で訳しておかしければ疑問です。

例 よきこと**やは**ある。（いいことがある**か、いや、ない。**）

※「いいことがあろうか。」のような反語の訳もアリ。「いや、ない」が省略された形です。

❷ **疑問語＋「や・か」**

まれに疑問の場合もあります。反語で訳しておかしければ疑問です。

例 父一人が命をば**などか**《疑問語》助けざるべき。（父一人の命をどうして**助けない**だろうか、いや、**助ける。**）

❸ **「〜めや・〜らめや」** ※この「や」は終助詞説もあります。

基本的に**和歌**で使用し、**反語**です。

例 〜人知る**らめや**〈和歌の第五句〉（〜人が知っているだろうか、いや、知らないだろう）

「ぞ・なむ・こそ」は簡単ですね。「や・か」は反語になりやすい形を押さえて、文脈判断できるようにしましょう。

演習の解答 ➡ 別冊P.46

演習

1 「誰かは知らざらむ」の現代語訳として最も適当なものを、次から一つ選びなさい。

ⓐ 誰だか知っているか
ⓑ 誰とも知られていない
ⓒ 誰が知っているものやら
ⓓ 誰かは知らないものの
ⓔ 誰が知らないことがあろうや

2 「なにか行方をさらにもとむる」の現代語訳として最も適当なものを、次から一つ選びなさい。

ⓐ なんとしても行き先をさらに求める。
ⓑ なにか理由があり行き先をさらに求めた。
ⓒ どうして行き先をさらに求めるのか、いや、求めない。
ⓓ 行き先を求めないことがあろうか。

3 「惜しかるべき又我身かは」の現代語訳として最も適当なものを、次から一つ選びなさい。

ⓐ 誰もがまた我が身を惜しむべきなのです。
ⓑ どうしてまた自分の命が惜しかろうか。いや、惜しくない。
ⓒ また自身の命が惜しくなるのは当然でしょう。
ⓓ どうしてまた命が惜しくないことがあろうか。惜しいに決まっています。
ⓔ きっとまた我が身が惜しくなったにちがいありません。

4 次の傍線部を、それぞれ現代語訳しなさい。

① 花の香こそすれ。

② 逢坂《あふさか》の関路越ゆとも都なる人に心のかよはざらめや

✔ CHECK 35講で学んだこと

□ 強意の係助詞「ぞ・なむ・こそ」は無視してOK
□ 「やは・かは」＝反語が多い
□ 疑問語＋「や・か」＝反語が多い
□ 「めや・らめや」＝反語

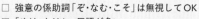

36講 係助詞2（結びの省略・結びの流れ）

「省略」と「流れ」はまったく違う！

▼ここからはじめる 係り結びや反語などでおなじみの係助詞ですが、文法で押さえるべきことは、それだけではありません。混同する人が多い「結びの省略」と「結びの流れ」を学習しましょう。

POINT 1 「省略」と「流れ」の違いを理解しよう

1 結びの省略

「〜に**や**、」や「〜と**ぞ**。」などのように、係助詞で終わっており、係り結びの「結び」にあたる部分がないものを「**結びの省略**」といいます。文法問題としては、「本来続きに何がありましたか」と省略されているものを問うてきます。係助詞の**真上**の文字に注目しましょう。それぞれ補う言葉を次に紹介します。

〜**にぞ・になむ**。 ⬇ **ある**
〜**にや・にか**。 ⬇ **あらむ**
〜**にこそ**。 ⬇ **あれ**（断言の文脈）／**あらめ**（推測の文脈）
〜**とぞ・となむ・とや・とか**。 ⬇ **言ふ**／**聞く**
〜**とこそ**。 ⬇ **言へ**／**聞け**

「**に**」であれば「**ある**」や「**あらむ**」系、「**と**」であれば「**言ふ**」や「**聞く**」系ですね。頻出なのは、「〜にや・〜にか」です。選択肢に「あらむ」がなく、「ありけむ」となっている場合もあります。違う言葉の場合は、結びの形も判断基準にしましょう。

2 結びの流れ

次の例は、きれいな係り結びですね。

例 花の香**ぞ**する《連体形》。（〔桜の〕花の香りがする。）

05講で「結び（形を変える部分）」は「文末」と学びましたが、正確には、係助詞の上の語（例香）がかかっていく部分（例サ変「す」）です（複数単語であれば、最後の活用する一単語）。

これが、左のようになる場合があります。

例 花の香**ぞ**すれ《已然形?!》ども、いまだ寒し。
（〔桜の〕花の香りがするが、まだ寒い。）

かかっていくサ変の部分が**連体形**「**する**」ではなく、**已然形**「**すれ**」となっています。下に**接続助詞**「**ども**」がついているからです。「**ども**」の接続は**已然形**でしたね。

このように、本来は結びになる部分に、接続助詞など他の語がついた関係で、適切な形にすることができず、下にそのまま続いていくことを「**結びの流れ**」といいます（「結びの消失・結びの消滅」ということもあります）。

「**結びの省略**」は、「省略」の言葉通り「結び」の語が省略されて**ない**のです。

「**結びの流れ**」は、「結び」になるはずの語は**ある**のですが、後ろに続いている語のために、適切な形にできなかったものです。

まったく違うものですね。

演習

1 「ふかく考へらるるまではなかりしことも有りしとぞ。」の傍線部のあとに省略されている語句を、次から一つ選びなさい。

ⓐ あらむ　ⓑ あらめ　ⓒ 聞け
ⓓ いふ　ⓔ いへ

2 「ここに鉢の流れける。何ものぞ。」の傍線部のあとに省略されている語句を、次から一つ選びなさい。

ⓐ あめり　ⓑ なれ　ⓒ なめり
ⓓ ならん　ⓔ あれ

3 次のⓐ～ⓓから結びが流れているものを一つ選びなさい。

「七つⓐこそありしに、六つあるⓑこそ不思議なれ」

「さる事なし。もとより六つⓒこそありしか」

「これは六つあれば、別の人のにⓓこそ」

4 次の傍線部の結びの説明として最も適当なものを、あとからそれぞれ一つずつ選びなさい。

① 歌どもを取るこそ、かへすがへすさまあしく候へ。
② 言葉をやさしくとりなしてよめとこそ候《さぶら》ひしを、……
③ 歌のすがたもみな変り候ふにこそ。

ⓐ 活用する語の連体形で終止している
ⓑ 活用する語の已然形で終止している
ⓒ 結びの語、あるいはそれを含む文節全体が、文中にあらわれていない（結びの省略）
ⓓ 結びの語で文が終わらず、接続助詞を伴って続いているため、係り結びが成立していない（結びの流れ）

①
②
③

CHECK 36講で学んだこと

□「にや・にか」は「あらむ」を補う
□ 結びの省略は、選択肢の結びの活用形も判断基準
□ 結びの流れ＝結びの語に他の語が接続し、適切な形にできずに下に続くこと

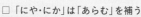

37講 訳し方がポイント!
係助詞3（逆接強調法・危惧の用法）

ここからはじめる ある形で係助詞を用いていたら、逆接です。逆接は続きが予測できるので超重要。「〜したら大変だ」と訳す危惧の用法もあります。どちらも見抜けなかったら大変です!（↑危惧）

訳し方に気をつけるべき係助詞の用法を学習しましょう。

POINT 1 用法名より、訳せるようにしよう

1 逆接強調法

文中の「〜**こそ**…**已然形**《いぜん》、〜」は、「…已然形」の下に**逆接**を入れて訳します。左の例で確認しましょう。まずは通常の係り結びです。

例 夢を**こそ**《強意》見つれ《已然形》。（夢を見た。）

強意「こそ」は無視して、「つれ」を終止形「つ」に戻し、普通に「夢を見た」と訳します（**↓35講**）。

これが次のように文中になると、逆接を入れた訳にします。

例 夢を**こそ**《強意》見つれ《已然形》、思ひ出でず。

（夢を見た**が**、思い出せない。）

強意「こそ」を無視するのは同じですが、「見た」の続きに「**が**」や「**けれど**」などの**逆接**を入れるのです。見た目には逆接の言葉が書いているわけではありませんので、きちんと理解している人にしかわからない逆接です。出てきたときにちゃんと見抜けるように、しっかり押さえておきましょう!

2 危惧の用法

係助詞「ぞ・こそ」の上に、係助詞「も」がついた「**もぞ・もこそ**」は「**〜したら大変だ・〜したら困る**」と訳す危惧の用法です。覚えていれば難しくないのですが、知らなかったり忘れてしまったりすると誤訳してしまうので、気をつけましょう。

例 人**もこそ**《危惧》見れ。（人が見たら大変だ。）

補足 ありがちな誤訳

「もぞ」「もこそ」に気づけないと、次のように訳してしまいがちです。

人も~~こそ~~見れ。　←通常の強意「こそ」だと思って無視してしまう

「こそ」を無視して、「見れ」を普通に「見る」に戻して、「人も見る」と訳してしまうのです。強意の訳し方ですね。この場合は「**もこそ**」**↓危惧**で訳します。

「**もぞ・もこそ**」**は**「**気づけなかったら大変だ!**」と覚えておきましょう。

学習したばかりのときはスラスラ訳せても、復習しないと抜けやすい単元でもあります。復習して定着させましょう。

演習

1 「心のおこたりならばこそあらめ、さる御文をだにものせさせたまへ」の傍線部の現代語訳として最も適当なものを、次から一つ選びなさい。

ⓐ 愛情がないのでしたら、問題でしょうが
ⓑ 面倒だと感じるなら、仕方ありませんので
ⓒ 行きたくないと思うのも、当然でしょう
ⓓ おろかな考えは、捨てさるべきでしょう
ⓔ 悪いと反省するので、許されるでしょう

2 次の文は、「子どもこそうしなひ候はめ、母をばいかでか助けでは候ふべき」の現代語訳です。空欄に入る適当な訳を書きなさい。

子供を失いますのはよい［　　］、母をどうして助けないでいられましょうか、いや、助けないではいられません。

3 「思ひもぞつくとて」の解釈として最も適当なものを、次から一つ選びなさい。

ⓐ 女は一途《いちづ》な思いなど実はないのだろうと
ⓑ 親の思いも無視するだろうと
ⓒ 若い男の思いもその時かぎりだろうと
ⓓ きっと女の策略だと思って
ⓔ 女に対する思いが強くなると困ると思って

4 「こもりゐて、すかす人もこそあれ」の解釈として最も適当なものを、次から一つ選びなさい。

ⓐ 裏でその気にさせるような人がいる方がいい
ⓑ 隠れていて私をだます人がいるといけない
ⓒ 参籠のために留守にしている人がいるようだ
ⓓ じっとしていて隙をみせる人達もいるけれど
ⓔ 部屋に閉じこもって過ごす人もいてほしい

✔ CHECK 37講で学んだこと

□ 文中の「〜こそ…已然形、〜」は已然形の後ろに「逆接」を補う
□ 「もぞ・もこそ」＝「〜したら大変だ・〜したら困る」

38講 「自己・他者・状態」に分けて押さえる 終助詞 1（願望）

▼ここからはじめる　願望の終助詞は、自分がしたい（自己願望）、相手にしてほしい（他者願望）、状態の希望（状態願望）の三つに分けて覚えましょう。「自己願望」と「他者願望」は接続も大事です！

終助詞は**文末**にあり、**活用しない**ので、とっても見つけやすいです。**願望・禁止・念押し・詠嘆**の四つの意味別で学習しましょう。今回は「願望」を学びます。**自己願望・他者願望・状態願望**の三つに分けて整理します。

POINT 1 どういう願望なのかを押さえよう

1 自己願望（～たい）

自己願望の終助詞は三つ。それぞれの接続も大事です。

❶ **未然形**＋**ばや**。
→「まだ（＝未）」だから「したい」と覚えておくと便利！
例 対面せ《未然形》**ばや**。（対面したい。）

❷ **連用形**＋**てしがな**。　※「てしか」「てしが」などもアリ。
→「てしがな」の「て」のもとは助動詞「つ」。「つ」の接続。
例 試み《連用形》**てしがな**。（試みたい。）

❸ **連用形**＋**にしがな**。　※「にしか」「にしが」などもアリ。
→「にしがな」の「に」のもとは助動詞「ぬ」。「ぬ」の接続。
例 あり《連用形》**にしがな**。（ありたい。）

2 他者願望（～てほしい）

他者願望の終助詞は一つ。接続も大事です。

❶ **未然形**＋**なむ**。
→「まだ（＝未）」だから「**してほしい**」と覚えておくと便利！
例 待た《未然形》**なむ**。（待ってほしい。）

44講で学習しますが、文末に「なむ」があったとしても他者願望以外の可能性もあります。接続を必ず確認しましょう。

3 状態願望（～であればなあ・～がいればなあ）

状態願望は「**もがな・もが・がな**」の三つ。「もがな」を覚えておけば、あとの三つは上下一文字ずつないだけですね。

接続はいろいろな語につくので覚える必要はありません。

❶ 様々な語＋**もがな**。　※「もが」「がな」もアリ。
例 袖**もがな**。（袖があればなあ。）

選択肢の訳が意訳で、「～**たい**」「～**てほしい**」となっている場合もあるので気をつけましょう（例袖があってほしい）。

これらが文末にあれば（**1** **2**は接続も確認して）、「○○願望」とわかるように、どういう願望なのかを押さえましょう。

演習の解答 ➡ 別冊P.49

演習

1 「雪降らなむ」の現代語訳として最も適当なものを、次から一つ選びなさい。

ⓐ 雪が降るかもしれない
ⓑ 雪が降ってほしい
ⓒ 雪が降るはずはない
ⓓ 雪が降ると困る

2 「歌よむことをやめて、詩作ることを<u>ならはばや</u>と思ひ定めて……」の傍線部の解釈として最も適当なものを、次から一つ選びなさい。

ⓐ 並べてみたいようだ
ⓑ 後につづくことができるよ
ⓒ 真似《まね》することになるようだ
ⓓ 学習したいものだな
ⓔ 留めることになるな

3 「よくもがな」は、どのような心情を表しているか。最も適当なものを次から一つ選びなさい。

ⓐ 安堵《あんど》　ⓑ 願望
ⓒ 称讃　ⓓ 不安

4 「命惜しむと人に見えずもありにしがなとのみ念ずれど」の解釈として最も適当なものを、次から一つ選びなさい。

ⓐ 命を大事にしたいと思い、夫にもなるべく逢《あ》わないようにして、ひたすら回復を祈っているけれども
ⓑ 命を大事にしてほしいと夫は陰ながら願ってくれているに違いないと、ひたすら信じているけれども
ⓒ 命を惜しんでいるとますます夫に嫌われるのではないかと思って、ひたすら不安になるけれども
ⓓ 命を惜しんでいるように夫に見られたくないと思って、ひたすら病気の苦しみに耐えているけれども

✔ CHECK
38講で学んだこと

□「未然形＋ばや」「連用形＋てしがな・にしがな」＝自己願望
□「未然形＋なむ」＝他者願望
□「もがな」＝状態願望

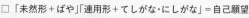

39講 セットで押さえる「な～そ」、「！」にできる「かし」
終助詞②（禁止・念押し・詠嘆）

▼ここからはじめる　今回は願望以外の三つ、「禁止・念押し・詠嘆」を学習しましょう。頻出の形とともに、文字を見たら訳せるようにする（もしくは「！」に変える）のがポイントです。

願望以外の終助詞、**禁止・念押し・詠嘆**を学習しましょう。

POINT 1 文末にあれば、気づけて訳せるようにしよう

1 禁止（～するな）

終助詞「そ」は**禁止**です。**副詞「な」**と一緒に用いることが多く、「**な～そ**」とセットで覚えましょう。正確には「～してくれるな」という弱い禁止ですが、「～（する）な」という訳がわかればＯＫ。

連用形に接続しますが、**カ変**と**サ変**は**未然形**（「な**こ**そ」＝来るな／「な**せ**そ」＝するな）になるので気をつけましょう。

例　かく**な**言はせ（連用形（使役の助動詞「す」））**そ**。（こんなことを言わせる**な**。）

禁止の終助詞はもう一つ、「動詞の**終止形**＋**な**」がありますが、「語る**な**」「行く**な**」など、現代と同じですから覚えなくてもわかりますね。

2 念押し（～よ・～ね）

念押しの終助詞は「**かし**」のみ。**文末の形**（命令形など）に接続します。文末に「かし」があれば「～**よ**」「～**ね**」という念押しの意味です。係助詞「**ぞ**」と一緒に「**ぞかし**」の形で用いることが多くあります。文法問題になっていなければ、「**ぞかし**」や「**かし**」は「**！**」と思えばＯＫです。

～**かし**。＝～よ・～ね ➡「！」
～**ぞかし**。＝～だよ・～だね・～よね ➡「！」

例　大きならむ**かし**。（大きいだろう**よ**。➡大きいだろう**！**）

例　見ざる**ぞかし**。（見ない**よね**。➡見ない**！**）

3 詠嘆（～なあ）

文末の「**かな**・**や**・**かも**・**か**・**な**・**も**・**は**」が「～**なあ**」と訳せたら**詠嘆**です。ただし、文末の「**や・か**」は**疑問**や**反語**になる場合もあるので、文脈判断が必要です（この「や・か」は係助詞ですが、終助詞とする説もある）。感動詞（「**あら・あな**」など）と一緒に用いている場合は**詠嘆**です。

それ以外のものは問題になることは少ないので、文章に出てきたときに気づけるようにしましょう。

例　情けなき人**かな**。（思いやりがない人だ**なあ**。）

例　**あら**、うたて**や**。（**ああ**、嘆かわしい**なあ**。）

それぞれ文末にあり、活用しないので見つけやすいです。文末の「や・か」は文脈判断が必要なので気をつけましょう。

演習

1 「かくなせそ」の解釈として最も適当なものを、次から一つ選びなさい。

ⓐ 人に見られるようにしてください
ⓑ どこかに身を隠してください
ⓒ こんな風にしてください
ⓓ こんなことをしてはいけません

［　　］

2 「軽みにけむかし」の文法的説明として最も適当なものを、次から一つ選びなさい。

ⓐ 四段動詞「軽む」連用形＋助動詞「なり」連用形＋助動詞「けむ」連体形＋終助詞「かし」
ⓑ 上二段動詞「軽む」連用形＋助動詞「なり」連用形＋助動詞「けむ」連体形＋係助詞「かし」
ⓒ 上二段動詞「軽む」連用形＋助動詞「ぬ」連用形＋助動詞「けむ」終止形＋係助詞「かし」
ⓓ 四段動詞「軽む」連用形＋助動詞「ぬ」連用形＋助動詞「けむ」終止形＋終助詞「かし」

［　　］

3 「あな、恨めしの心づかひや」を現代語訳しなさい。

［　　］

4 「おのが上をば、いかにもいかにも、なしり［　］」の空欄に入る語と解釈の組み合わせとして最も適当なものを、次から一つ選びなさい。

ⓐ 「給《たま》はで」が入り、「道綱《みちつな》のことは、もうこれ以上構ってさし上げられない」の意
ⓑ 「給ひそ」が入り、「私のことなど、どうなろうとお構いにならないで下さい」の意
ⓒ 「給はじ」が入り、「私のことは、兼家《かねいえ》にとっては知ったことではないでしょう」の意
ⓓ 「給はず」が入り、「兼家本人の気持ちを、私はどうしても理解できません」の意
ⓔ 「給ふまじ」が入り、「私と兼家が今後どうなるかは、誰もおわかりになるまい」の意

［　　］

✔ CHECK
39講で学んだこと

- □ 「な～そ」＝禁止（～するな）
- □ 「文末の形＋かし」＝念押し（～よ・～ね）
- □ 文末の「や・か」＝「詠嘆・疑問・反語」のどれかは文脈判断

40講 格助詞「の」

用法名と訳し方を理解しよう

▼ここからはじめる　格助詞は、上の言葉が文の中で何の働きになるのかを決める助詞です。たとえば、「犬が」とあれば主語、「鳥を」とあれば目的語とわかりますね。この「が」や「を」が格助詞です。

格助詞はたくさんありますが、本書では、その中で一番重要な「の」をマスターしましょう。現代では、「私**の**家」のように使われる「の」ですが、「この鍵、誰**の**?」のように「~**のもの**」と言い換えられる場合もありますね。古文でも同じ用法がありますが、この他に三つ、全部で五つの用法があります。順に見ていきましょう。

POINT 1 用法名と訳し方をセットで覚えよう

1 連体修飾格（~の）

現代でも使用する「**の**」のままの用法名は**連体修飾格**（もしくは、**連体格**）です。「の」の上の**体言**が、**体言**にかかっていく場合の用法です。

例　姫君《体言》**の**歌《体言》……（姫君の歌……）

2 準体格（~のもの）

「~**のもの**」と訳す「**の**」は**準体格**です。「もの」でなくても、何か体言を含んで訳せる場合は準体格です（「この鍵、誰**の**?」➡「この鍵、誰**の鍵**?」と「鍵」を含んで訳せます）。

例　みずから**の**を奉る。（自分のものを差し上げる。）

3 主格（~が）

「**が**」で訳す「**の**」は**主格**です。「の」の上の**体言**が、**用言**にかかっていく場合に**主格**となります。

例　人《体言》**の**言ひけれ《用言》ば……（人が言ったところ……）

4 同格（~で）

「体言**の**~連体形…」の形がポイント。連体形の下に「**の**」の上の体言を入れて、「体言**で**~連体形体言（が・を）…」と訳せたなら**同格**です。左の例で確認しましょう。

例　賢き人**の**富める《連体形（存続の助動詞「り」）》はまれなり。
（賢い人で裕福でいる人はまれである。）

5 連用修飾格（~のように）

「~**のように**」と訳す「**の**」は**連用修飾格**（もしくは、**連用格**）です。**和歌中**の「**の**」で「~**のように**」と訳せる場合の用法です。和歌以外では、用言にかかっていく「**例の**」の「**の**」。この「例の」は「**いつものように**」と訳します。

例　例**の**狩《かり》しに行く。（いつものように狩をしに行く。）

出題される場合は**4**「同格」が多いのですが、文中では他の用法の場合もたくさんあるので、すべて理解してください。

演習の解答 ➡ 別冊P.51

演習

1 次の傍線部の「の」の用法として最も適当なものを、あとからそれぞれ一つずつ選びなさい。

① 窓打つ雨も物恐ろしきに、例の忍びておはしたり。

② この歌は、ある人、近江采女《うねめ》のとなむ申す。

③ 人々のけはひ、あまたしはべりしを……

④ 色濃く咲きたる木の様体※うつくしきが侍り※しを、掘り取りしかば……

※様体＝姿かたち。
侍り＝「あり」の丁寧語で「ございます」。

⑤ 描き者のする事なり。

⑥ 例の舞姫どもよりは、みな少し大人びつつ、げに、心ことなる年なり。

⑦ 大人しかりける在家法師の京に住まひけるが、この事によりて来るあり。

⑧ 大赦のありければ、法師もゆりにけり。

ⓐ 主格　ⓑ 連体格　ⓒ 同格
ⓓ 準体格　ⓔ 連用格

①　②　③　④　⑤　⑥　⑦　⑧

2 「白き虫の五、六分※ばかりなるあり」の「の」と意味的に同じものを、次から一つ選びなさい。

※五、六分＝約一五～一八ミリメートル

ⓐ 人の折るをもことに惜しみ、さいなみ……

ⓑ 新しき水瓶《みづがめ》の様なども思ふやうなるをまうけて……

ⓒ ある僧の庵《いほり》に尋ね行きたるに、主《あるじ》（＝ある僧）はあからさまに立ち出でたるに……

ⓓ 恐ろしげなる者どもの火の車を率て……

✔ CHECK 40講で学んだこと

□「体言の～連体形…」➡「体言で～連体形体言…」＝同格
□ 和歌中の「の」（＝～ように）・「例の」（＝いつものように）の「の」＝連用格

41講 「さえ」と訳す「だに」、「までも」と訳す「さへ」 副助詞1（「だに（類推）」・「さへ」）

▼ここからはじめる 「だに」には二つの用法がありますが、今回は「さえ」と訳す「だに」を学びます。他に「さへ」を学びますが、古文では「さへ」を「さえ」と訳さないのがポイントです！

副助詞は**意味を添える助詞**なので、**意味**を中心に学習しましょう。「**のみ・など・まで・ばかり・すら**」など、現代でも使うものもありますが、古文特有の「**だに**」「**さへ**」「**し**」をマスターしましょう。

今回は「だに」と「さへ」を学びます。

POINT 1 「だに」は「さえ」で、「さへ」は「さえ」ではない

1 類推の「だに」（「すら」）

今回学習する「**だに**」は、「**～さえ**」と訳す**類推**です。

「類推」とは、ある状況を提示し、それよりもさらに進んだ状況は当然そうだと強調する、もしくは、さらに進んだ状況のことは言わずとも推測できるという表現法です。現代語で確認しましょう。

例 大人の猫で**さえ**こんなにかわいい（のだから、まして、子猫がかわいいのは当然だ）。

大人の猫もかわいいのです。ですが、何であれ子どものかわいさは格別ですよね。「大人の猫で**さえ**こんなにかわいい」としか言わなくても、「子猫がもっとかわいい」のは自明だということです。

古文では「**だに**」や「**すら**」で類推を表します（「**すら**」は現代でも使います）。類推は、よく「**まして**」もしくは「**まいて**」（＝まして）と一緒に用いますが、「まして」以降が省略されている場合もあります。

「まして」以降が自明の部分で大事なので、省略された内容が何かを意識しましょう。

先ほどの例文を使って図にしてみます。

大人の猫 **だに・すら**《サエ》 かわいい。

まして（まいて）

子猫 が かわいいのは**当然だ**

「大人の猫」と「子猫」は対比ですね。つまり、「だに」の前と「まして」の後ろは**対比**の関係です。「だに」の後ろと最後の結論は**同じ意味**になり、後半が**なおさらだ・当然だ**ということです。「まして」以降が省略されていても、**対比**と「**同じ意味**」で考えるとわかります。

2 添加の「さへ」

古文で「**さへ**」とあれば、**添加**で「**～までも**」と訳します。

例 古事**さへ**思ひ出づ。（古いこと**まで**思い出す。）

「**だに・すら**」が「**～さえ**」で、「**さへ**」は「**～までも**」です。三つセットで覚えておきましょう。

演習の解答 ➡ 別冊P.53

演習

1 「すべて仏法の名をだに聞かず」の現代語訳として最も適当なものを、次から一つ選びなさい。

ⓐ およそ仏法の名を一度も聞いたことがない
ⓑ およそ仏法の名さえ聞いたことがない
ⓒ すべての仏法の名を全く聞いたことがない
ⓓ すべての仏法の名を他人に聞いたことがない

[　　]

2 「我さへ（女君を）見捨てなば」を現代語訳しなさい。

[　　]

3 次の傍線部「いかでかおろかに思はむ」とあるが、どのように思っているのか。最も適当なものを、あとから一つ選びなさい。

「あまたあるをだに、人は子をばいみじきものにこそ思ふなれ。ましていかでかおろかに思はむ」

ⓐ 帝が、若宮に会わせてくれない東三条の大臣のことを、愚かしいと思っている
ⓑ 帝が、自分の一人息子である若宮のことを、大切に思っている
ⓒ 帝は、若宮のことを気にしている自身を、東三条の大臣が批判していると思っている

[　　]

4 次の空欄に入る語として最も適当なものを、あとから一つ選びなさい。

袖の涙も今さら、「（袖に）宿る月[　　]（涙で）濡るる顔にや」とまでおぼゆるに……

ⓐ ばかり　ⓑ ども
ⓒ さへ　ⓓ のみ

[　　]

CHECK
41講で学んだこと

□「だに・すら」＝類推「～さえ」
□ 類推「AさえB。ましてCはなおさらB」➡ AとCは対比。
□「さへ」＝添加「～までも」

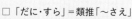

42講 副助詞2（「だに（最小限）」・「し」）

「だに」には類推以外の意味もある

▼ここからはじめる　副助詞の中で、ダントツで問題になるのは「だに」です。二つの用法があるためですが、判別法を知っていれば、きちんと見分けられます！　副助詞「し」は無視してOK。

41講で「だに」は**類推**（＝**～さえ**）と学びましたが、「だに」には「**せめて～だけでも**」と訳す**最小限**の用法もあるので、どちらなのか見分ける必要があります。

今回は、「だに」の見分け方と、「し」を学びましょう。

POINT 1 訳が大事な「だに」と、訳は不要の「し」

1 「だに」の見分け方

「だに」があれば、ひとまず続きを見ていきましょう。「**意志・仮定・願望・命令**」のどれかがあれば**最小限**です。それらが**なければ**「**類推**」です。

「まして（まいて）」があれば**類推**、ではダメなの？」と思った人もいるでしょうが、**41講**で学習したように「まして」以降が省略されることもよくあるので、「まして」を目印にはできません。ただし、「意志・仮定・願望・命令」を探していて「**まして**」があれば、目印にして「**類推**」と判断してOKです。

例　ものを**だに**言はむとて……（意志（「と」の上の「む」➡意志が多い））
（**せめて**考えていることだけでも言**おう**と思って…）

例　命**だに**あらば……（未然形＋ば＝仮定条件）（**せめて**命だけでもある**ならば**……）

例　あれが身にて**だに**あらばや。（自己願望）
（**せめて**あの人のように〔愛らしく〕あり**たい**。）

例　香を**だに**残せ。（命令形）（**せめて**香りだけでも残**してくれ**。）

最小限なのに、選択肢で類推と同じように「さえ」と訳している場合が、たまにあります（例「せめて命だけでもあるならば」➡「命さえあるならば」）。「だけでも」の訳だけで飛びついたり、最小限なのに「さえ」の訳しかない、と迷ったりしないようにしましょう。

2 副助詞「し」は訳不要

「し」は**強意**です。係助詞の「強意」と同じく、無視してかまいません。よって、**省いても支障のない**「し」が**強意の副助詞**です。頻出の形を二つ覚えておきましょう。

❶ **しも・しぞ**

例　蔭《かげ》を**しぞ**待つ。（蔭を待つ。）

❷ **A し B ば**

例　名に**し**負は**ば**……
（名前として背負い持っているならば……）

「だに」も「し」も、形を押さえると見つけやすいです。

演習の解答 ➡ 別冊P.54

演習

1 「あるほどにだにあらば」の解釈として最も適当なものを、次から一つ選びなさい。

ⓐ 命があるのもあとわずかということであれば
ⓑ せめて命のある間に話す機会だけでもあれば
ⓒ 十分に時間が残されているのであれば
ⓓ 生きている間でさえも話す機会がないのに

2 「風だにも思はぬかたに寄せざらば」の解釈として最も適当なものを、次から一つ選びなさい。

ⓐ あなたはまるで風のようにいつも思いがけない時にいらっしゃるものだから
ⓑ 風さえも思い通りに吹き寄せることはないのに、まして自分の人生は思いのままになることはなく
ⓒ せめて風だけでも、その力で私を思いもよらぬ彼岸へ吹き寄せてくれるのでなければ
ⓓ 世間の風向きが思いも寄らぬ方向へ変わってしまうということさえないので

3 「さだにもあらば、なにかは苦しからむ」の解釈として最も適当なものを、次から一つ選びなさい。

ⓐ 仏のありがたい教えがあれば、恐ろしくはありません。
ⓑ 一緒に行ってくれる人がいれば、恐ろしくはありません。
ⓒ 草木があったら、旅の慰めになるだろう。
ⓓ そうした風流なものさえあれば、苦しくありません。

4 次のうち、強意の副助詞ではないものを一つ選びなさい。

ⓐ そのほどの有様はしも、心ざしあるやうに見えけり。
ⓑ 衣重ねてくだす家にし侍れば、誠に時めくよそほひなりし。
ⓒ いかにし給はむずらむ。

✔ CHECK
42講で学んだこと

□「だに〜意志・仮定・願望・命令」の「だに」＝最小限「せめて〜だけでも」
□「しも・しぞ」「ＡしＢば」の「し」＝強意の副助詞

43講 見分け方のポイントを押さえよう
「し」の識別／「て」の識別

▼ここからはじめる Chapter 5で助詞を学習したので、助詞が絡む識別ができるようにしましょう！識別対象が多岐にわたっても、目の付け所がわかれば、きちんと見分けられるようになりますよ。

識別対象が用言や助動詞・助詞など、今まで学習してきたものが絡む識別をマスターしましょう。今回は「し」と「て」の識別です。それぞれ目の付け所を押さえましょう。

POINT 1 「し」の識別は訳・接続・形がポイント

「し」が単独であれば、次の三つが考えられます。

1 サ行変格活用動詞「す」の連用形

「する」や「し」と訳せる「**し**」＝**サ変動詞**です。

例 対面**し**たりけり。（対面**し**た。）

※「対面する」と訳せます。

2 過去の助動詞「き」の連体形

連用形＋「**し**」＝**過去の助動詞**「き」です。「**し**＋**体言**」の形を覚えておくと、頻出なので便利です。体言以外もあるので、見分け方の基本としては「連用形＋し」を押さえておきましょう。

例 聖の申し（連用形）**し**やう（体言）、……（聖が申し上げたことには、……）

※この場合、上からでも下からでもわかりますが、「下が体言」のほうがパッと見でわかるので便利です。

3 強意の副助詞「し」

42講で学習した**強意の副助詞**は、**省いても支障のない**「**し**」でしたね。また、「**しも・しぞ**」や「**AしBば**」の形も覚えておくと便利です。

例 都~~し~~思ほゆ（都のことを自然と思われる）
←省いても支障のない「し」

POINT 2 「て」の識別は真下の助動詞の有無がポイント

連用形＋「て」＝接続助詞か完了・強意の助動詞「つ」です。見分けるには、「て」の真下の助動詞の有無を確認しましょう。真下が**助動詞**なら「て」も**助動詞**（＝完了・強意の助動詞「つ」）、真下が**助動詞ではない**なら「て」も**助動詞ではない**（＝**接続助詞**）です。

例 語り**て**む（助動詞）。（きっと語るだろう。）
強意の助動詞「つ」の未然形（下が推量➡強意）

ただし、「**てば・てばや**」は例外。「ば・ばや」は**助詞**ですが、この「**て**」は**完了の助動詞**なので気をつけましょう。

見分け方のポイントを押さえると、自力できちんと識別できるようになります。

演習

1

「初紅葉の①したり②しこそ失せにけれ」の傍線部①・②の活用形として最も適当なものを、次からそれぞれ一つずつ選びなさい（同じ記号を何度使ってもかまいません）。

ⓐ 未然形　ⓑ 連用形　ⓒ 終止形
ⓓ 連体形　ⓔ 已然形《いぜん》　ⓕ 命令形

① ［　］　② ［　］

2

「歌よむと言はれし末々は」の傍線部の文法的説明として最も適当なものを、次から一つ選びなさい。

ⓐ「れ」は動詞の活用語尾、「し」はサ変動詞
ⓑ「れ」は尊敬の助動詞、「し」はサ変動詞
ⓒ「れ」は受身の助動詞、「し」は過去の助動詞
ⓓ「れ」は完了の助動詞、「し」は過去の助動詞

［　］

3

「不浄説法は隙無くしけれども、……」の「し」と文法的意味・用法が同じものを、次から一つ選びなさい。

ⓐ もののあはれも知らで、おのれし酒をくらひつれば……
ⓑ 世の人皆心遣ひし、かしこまりきこゆ。
ⓒ ぬひ物、けしからぬまでして、ひきかくし、……
ⓓ 故大臣も、かくて、よろづを消ちてし、ことわりなりや。

［　］

4

次の傍線部「て」について、あとの設問に答えなさい。

まづ東寺へ入らせ給ひⓐて、事ども定めらる。さまかはりⓑて、ゆすりみちたる世の気色……さながら頭を垂れⓒて参りきほふさま、……東のひしめきのまぎれに失ひⓓてければ、……さらに眉をひらく時になりⓔて、男になれらむ、……

① 文法的に異なっているものを一つ選びなさい。
② ①で選んだものについての文法的な説明として最も適当なものを、次から一つ選びなさい。
ア 完了の助動詞の連用形　イ 接続助詞

① ［　］　② ［　］

✔ CHECK 43講で学んだこと

- □「する」と訳せる「し」＝サ変
- □ 連用形＋「し」＝過去「き」
- □ 省ける「し」＝副助詞
- □「連用形＋て」は真下の助動詞有無確認

44講 上を確認する「なむ」の識別

▼ここからはじめる 「なむ」には四つの可能性があります。上を確認して判別します。「上がどうなっていれば何になるのか」が言えるようにしましょう。それができれば、得点源になります！

「なむ」は四つの識別対象が考えられます。

POINT 1 「なむ」があれば上を確認しよう

1 他者願望の終助詞「なむ」

未然形＋なむは**他者願望の終助詞**「**なむ**」です。**38講**で「まだ（＝未）」だから「してほしい」と覚えておくと便利だとお伝えしました。終助詞なので**文末**にあります。ただし、他の文末にあるものは「なむ」の場合があるので、必ず**上**が**未然形**かを確認しましょう。

例 外山《とやま》の霞《かすみ》立たずもあら（未然形）**なむ**
（人里近くにある山の霞よ、立ち込めないでほしい）

2 完了・強意の助動詞「ぬ」＋推量系の助動詞「む」

連用形＋「**なむ**」は**完了・強意の助動詞**「**ぬ**」の**未然形**「**な**」＋**推量系の助動詞**「**む**」です。「**な**」の意味は、**下が推量系**なので**強意**が適切ですが、選択肢に完了しかない場合もあります。選択肢に合わせて臨機応変に対応しましょう。（「む」の意味は**25講**参照）。
ちなみに、ラ変動詞は連用形と終止形が同じ「〜り」の形ですが、「なむ」の上にあるのは通常**連用形**と考えてください。

例 人もあり（連用形）**なむ**かし。（きっと人もいるだろうね。）

3 ナ変動詞の活用語尾＋推量系の助動詞「む」

死・往・去＋「**なむ**」＝**ナ変動詞未然形**の**活用語尾**「**〜な**」＋**推量系の助動詞**「**む**」です。
平仮名の場合、「**しなむ**」の「**しな**」が「**死ぬ**」の意味、「**いなむ**」の「**いな**」が「**行く**」や「**去る**」の意味なら、ナ変の活用語尾＋助動詞「む」です。

例 必ず死（ナ変）**なむ**。（必ず死ぬだろう。）

4 強意の係助詞「なむ」

1〜**3**以外＋「**なむ**」＝**強意の係助詞**「**なむ**」です。
ただし、活用表が二行ある**形容詞型**・**形容動詞型**・**打消**《うちけし》の助動詞「**ず**」の場合、本活用の**連用形〜く・に・ず**＋**なむ**は**係助詞**です（**助動詞**は基本、補助活用「○＋**ラ変**」に**接続**するため）。
係助詞「なむ」は無視して読んでOK。

例 女（体言）（**1**〜**3**以外）~~なむ~~はべる。（女がいます。）

例 いと長く（形容詞本活用の連用形）~~なむ~~思ひ聞こゆる。（とても長く思い申し上げる。）

上の特徴を摑《つか》み、それぞれ識別できるようにしましょう。

演習

1 「かかる者の心に慈悲ありなむや。」の傍線部の文法的説明として最も適当なものを、次から一つ選びなさい。

ⓐ 係助詞「なむ」の一部
ⓑ 助動詞「ぬ」の未然形
ⓒ 終助詞「な」
ⓓ 終助詞「なむ」の一部

2 次の傍線部①・②と文法的に同じ用法の「なむ」を含むものを、あとからそれぞれ一つずつ選びなさい。

むすめを①なむもたりける。
我が身は今はいかにても候ひ②なむ。

ⓐ また引きかへすをりもありなむ
ⓑ 月夜には来ぬ人待たるかきくらし雨も降らなむ
ⓒ 君すでに死なむとす。
ⓓ ただ御前に召されて、かうかうなむ申せ、と侍る。

①　②

3 次の傍線部の文法的説明として最も適当なものを、あとからそれぞれ一つずつ選びなさい（同じ記号を何度使ってもかまいません）。

人見てあやしぶばかりなりと①なむ。
風より先にまたも訪は②なむ
絶えず③なむおはしますめるかし。
おのが心ならず、まかり④なむとす。
御おくりして、とくい⑤なむと思ふ……
思ひの色に立ち出《い》でては、悪しかり⑥なむ。

ⓐ 終助詞「なむ」　ⓑ 係助詞「なむ」
ⓒ 助動詞「ぬ」＋助動詞「む」
ⓓ ナ変動詞の活用語尾「な」＋助動詞「む」

①　②　③　④　⑤　⑥

✔ CHECK
44講で学んだこと

□ 未然形＋「なむ」＝他者願望の終助詞
□ 連用形＋「なむ」＝助動詞「ぬ」＋助動詞「む」
□ 死・往・去＋「なむ」＝ナ変の活用語尾＋助動詞「む」

45講 見分けやすい「に」を押さえよう
「に」の識別 1

▼ここからはじめる 最後は「に」の識別です。最後の識別にふさわしく、なんと八つも識別対象があるので、二回に分けて学習します。まずは、比較的見分けやすい「に」をマスターしましょう。

「に」の識別対象は八つもありますので、二回に分けてじっくりと学習します。数は多いですが、難しくないものもたくさんありますので、そこから押さえていきましょう。

POINT 1 やさしめな「に」を識別できるようにしよう

1 ナ行上一段活用動詞「似る」「煮る」

「に」が「似る」か「煮る」の意味で訳せるなら、**ナ行上一段動詞**か、その一部です。

例 わが男に**に**たり。（私の夫に似ている。）

2 ナ変動詞連用形の活用語尾

「死・往・去」＋「に」＝**ナ変動詞連用形の活用語尾**です。平仮名の場合も、「**しに**」が「**死ぬ**」の意味、「**いに**」が「**行く**」や「**去る**」の意味ならナ変動詞です。

例 逃げて去**に**《ナ変》けり。（逃げて行った。）

3 形容動詞ナリ活用連用形の活用語尾

様子・状態＋「**に**」＝**形容動詞の活用語尾**です。「**〜か・げ・ら＋に**」の形が頻出です。ただし、それ以外（たとえば「**あはれに・貴《あて》に・優《いう》に・つれづれに**」など）もあるので「様子・状態＋に」をしっかり押さえましょう。

例 らうたげ《様子》**に**美し。（かわいらしくきれいだ。）

4 完了の助動詞「ぬ」の連用形

連用形＋「**に**」＝**完了の助動詞**「**ぬ**」の**連用形**です。下が「**に＋き・けり・たり**」の形が多いのですが、上が「**死・往・去**」なら**ナ変動詞**の活用語尾なので（2の例を参照）、下の形だけで飛びつかないように気をつけましょう。

例 雪積もり《連用形》**に**けり。（雪が積もった。）

5 副詞・副助詞の一部

副詞「**まさに**」「**さらに**」などや、**副助詞**「**だに**」の「**に**」に傍線部がついて出題されている場合もあります。これらは「副詞や副助詞の一部」と見抜けるようにしましょう。

例 古京はすで《副詞》**に**荒れて……（古い都はもはや荒れて……）

以上の「に」は比較的見分けやすいので、コツを押さえて、しっかりマスターしてください。

演習の解答 ➡ 別冊P.58

演習

1 次の傍線部の文法的説明として最も適当なものを、あとからそれぞれ一つずつ選びなさい（同じ記号を何度使ってもかまいません）。

① 実《まめ》やかに約《ちぎ》りつつも、……

② 失せ給《たま》ひにし宮にて御仏事あり。

③ つひに賢き事なし。

④ 少し荒れにたるを、いとめでたく修理しなして、……

⑤ 出でて去にけり。

⑥ 事もなげにぞ仰せられける。

⑦ 芋粥《いもがゆ》になるなりけり。

⑧ 寄りだに来で、にはかになむうせにける。

⑨ 命短くして死にき。

ⓐ ナ行上一段動詞の一部　ⓑ ナ変動詞の語尾
ⓒ 形容動詞の語尾　ⓓ 完了の助動詞
ⓔ 副詞の一部　ⓕ 副助詞の一部

①	②	③	④
⑤	⑥	⑦	⑧
⑨			

2 「良少将うせにけり。」の傍線部と同じではないものを次から二つ選びなさい。

ⓐ 入りなむ
ⓑ にはかになむ
ⓒ なりにたるを
ⓓ まうでたるならむと
ⓔ 出でなまし
ⓕ 出でぬべき

CHECK 45講で学んだこと

□ 死・往・去＋「に」＝ナ変の活用語尾
□ 様子・状態＋「に」＝形容動詞の活用語尾
□ 連用形＋「に」（＋き・けり・たり）＝完了の助動詞「ぬ」

46講 下の特徴に注目しよう 「に」の識別 2

▼ここからはじめる 「に」の識別の後半戦です。残り三つの「に」を見ていきましょう。これらは接続が同じなので、下の特徴や訳し方など、接続以外にも注目しましょう！

45講で学習した「に」は、完了の「に＋き・けり・たり」以外は上の特徴で識別しました。今回は、**断定の助動詞「なり」の連用形**、**格助詞**、**接続助詞**の「に」を学びますが、これらは接続が同じものがあるので、上を見て接続を確認したら、**下を見ることがポイント**です。それぞれ、詳細を見ていきましょう。

POINT 1 体言や連体形につく「に」は訳や下を確認

1 体言に接続する「に」

体言＋「**に**」は、**断定の助動詞「なり」の連用形**か**格助詞**です。見分けるには、二つの方法があります。

一つ目の見分け方は、**訳して確認**する方法です。「である」と訳せるなら**断定の助動詞「なり」**、「に」のままなら**格助詞**です。

例 わが男**に**似たり。（男＝体言）

× 私の夫**である**似ている。

○ 私の夫に似ている。 ⬇ 格助詞

二つ目の見分け方は、**「に」の下の特徴**を使う方法です。**断定の助動詞「なり」の連用形**は、「**に**＋（助詞）＋**あり**」の形になっている場合が多いのです。

例 まこと**に**やあらん。（事実であろうか。）（まこと＝体言、に＝**断定の助動詞「なり」**）

そして、「**にや。にか。にこそ。**」（「。」＝「、」でもOK）の「**に**」も**断定の助動詞「なり」**が多いのです。「**にや・にか**」は「**あらむ**」が、「**にこそ**」は「**あらめ**」が省略されていました（**36講**「結びの省略」）。つまり、「**に**」の下に「**あり**」がある形と同じです。断定の下の特徴を利用すると解ける問題が多いので、しっかりマスターしましょう。

2 連体形に接続する「に」

連体形＋「**に**」は、**断定**か**格助詞**か**接続助詞**です。見分け方は**下を確認**します。断定の助動詞の特徴は、**1**で学習しました。

接続助詞の場合は、下に「、」があり、「**ので・のに・ところ・と**」のどれかで訳せます。

例 顔を見る**に**、わが男に似たり。（見る＝連体形、に＝**接続助詞**）

（顔を見ると、私の夫に似ている。）

格助詞は「**に**」の上に何か体言を入れて、「**に**」のままで訳して下に続いていくのですが、ややこしいですよね。消去法で、**断定でもなく、接続助詞でもないのが格助詞**とすればよいです。

これですべての「に」が終了です。次の演習は八個全部の「に」の総合練習問題にしています。チャレンジしてみましょう！

演習

1 次の傍線部の文法的説明として最も適当なものを、あとからそれぞれ一つずつ選びなさい（同じ記号を何度使ってもかまいません）。

① この間にこと多かり。
② ひそかに言ふ。
③ 夜ふけぬとにやありけむ、……
④ やがて往にけり。
⑤ 何となく過ぎにしを、……
⑥ あやしがりて寄りて見るに、筒の中光りたり。
⑦ 遅れし舟にや、と思ふに、……
⑧ 合戦さらに止むことなし。
⑨ 小法師走り来にけり。

ⓐ 一語の動詞　ⓑ 動詞の語尾　ⓒ 形容動詞の語尾
ⓓ 副詞の一部　ⓔ 断定の助動詞　ⓕ 完了の助動詞
ⓖ 格助詞　ⓗ 接続助詞

①	⑤	⑨
②	⑥	
③	⑦	
④	⑧	

2 次の傍線部の説明として誤っているものを、あとから一つ選びなさい。

にはかに(①)波の荒れて舟も覆らんとす。漕ぎ行くに(②)、酉《とり》のあたり、思ふ浦に着きに(③)けり。住むべき所に(④)至りぬ。

ⓐ ①は、ナリ活用形容動詞の連用形の活用語尾である。
ⓑ ②は、「と」と訳せる接続助詞である。
ⓒ ③は、断定の助動詞の連用形である。
ⓓ ④は、場所を示す格助詞である。

CHECK 46講で学んだこと

□「に」＋（助詞）＋あり＝断定
□「に」＋や・か・こそ＝断定
□ 連体形＋「に、」で「ので・のに・ところ・と」で訳せる＝接続助詞

NOTE

NOTE

著者 岡本梨奈

リクルート「スタディサプリ」古典講師。大阪教育大学教養学科芸術専攻ピアノ科卒業。自身が受験時代に苦手だった古文を克服し、一番の得点源に変えられたからこそ伝えられる「わかりやすい解説」で全国の受験生から支持されている。著書に『岡本梨奈の1冊読むだけで古文の読み方＆解き方が面白いほど身につく本』『古文ポラリス1・2・3』(以上、KADOKAWA)『高校の古文読解が１冊でしっかりわかる本』(かんき出版)などがある。

KOKOKARA DRILL SERIES 大学入試 HAJIMERU

岡本のここからはじめる古典文法ドリル

PRODUCTION STAFF

ブックデザイン	植草可純　前田歩来（APRON）
著者イラスト	芦野公平
本文イラスト	かざまりさ
企画編集	髙橋龍之助（Gakken）
編集担当	髙橋龍之助　留森桃子（Gakken）
編集協力	株式会社 オルタナプロ
校正	高倉啓輔　竹本陽　渡辺泰葉　太田沙紀
販売担当	永峰威世紀（Gakken）
データ作成	株式会社 四国写研
印刷	株式会社 リーブルテック

読者アンケートご協力のお願い

この度は弊社商品をお買い上げいただき、誠にありがとうございます。本書に関するアンケートにご協力ください。右のQRコードから、アンケートフォームにアクセスすることができます。ご協力いただいた方のなかから抽選でギフト券（500円分）をプレゼントさせていただきます。

アンケート番号：305686

※アンケートは予告なく終了する場合がございます。